U0624174

撼动百万学子的考研故事

考研人的精神枕边书

我们为什么要考研

考虫 编著

九州出版社
JIUZHOUPRESS

图书在版编目（CIP）数据

我们为什么要考研 / 考虫编著. -- 北京 ：九州出版社，2020.12
ISBN 978-7-5108-9911-9

Ⅰ．①我… Ⅱ．①考… Ⅲ．①研究生－入学考试－自学参考资料 Ⅳ．①G643

中国版本图书馆CIP数据核字(2020)第239862号

我们为什么要考研

作　　者	考虫 编著
出版发行	九州出版社
地　　址	北京市西城区阜外大街甲 35 号（100037）
发行电话	（010）68992190/3/5/6
网　　址	www.jiuzhoupress.com
电子信箱	jiuzhou@jiuzhoupress.com
印　　刷	三河市天润建兴印务有限公司
开　　本	880 毫米 ×1230 毫米　32 开
印　　张	10.25
字　　数	220 千字
版　　次	2020 年 12 月第 1 版
印　　次	2020 年 12 月第 1 次印刷
书　　号	ISBN 978-7-5108-9911-9
定　　价	49.90 元

如果你做一个太阳
你身边的人也会跟随着你旋转起来
如果你沉沦了
你只能跟随环境一起沉沦

世间万物
都有向上生长的愿景

每个优秀的人背后
都有一段沉默的时光
那些拼命付出
却不一定会有结果的蛰伏岁月
我们把它叫作扎根

大学生活
占据了你人生中的黄金 4 年
应该尽最大可能地
打开自己

每个人
都有自己的天赋和际遇
而清醒、坚毅和持续的努力
才是这场长跑胜利的关键

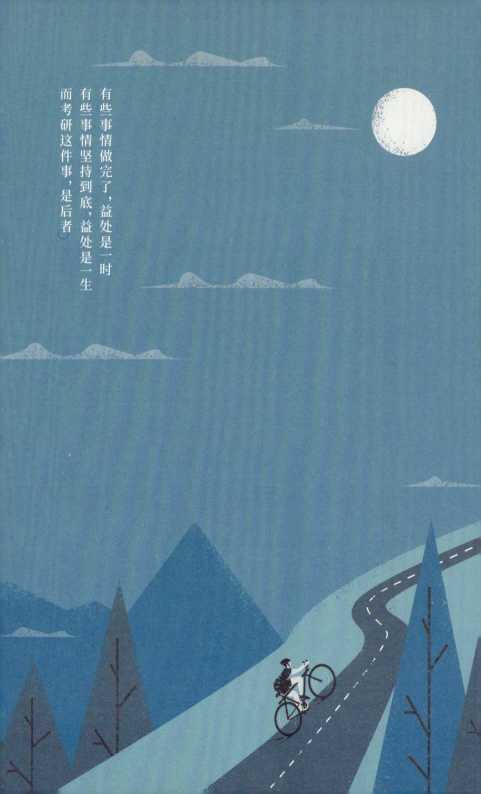

有些事情做完了，益处是一时
有些事情坚持到底，益处是一生
而考研这件事，是后者

REASON

50个考研的理由

考研，究竟意味着什么？为什么每年都有无数学子，义无反顾地投入到这场艰苦的比拼中？

从上万个考研故事中，我们选择了50个考研的理由，希望他们的回答，对你有所启发。

——

1. 人因为未知而迷茫，因为迷茫而恐惧。对于我而言，战胜恐惧的最好办法，唯有读书。读书能拿到学位、证书，让你在进入社会之前，先装上足够多的筹码。

2. 高考是一个分水岭，考研是另一次的机会。我可以借之进入一个更高的平台，开拓视野，增加阅历。

3. 考研给我带来的，是一种成长——静下心来，规划时间，一步一步地完成便利贴上的那个小任务。规律的作息时间，坚持地学习。

4. 这个世界很广阔，不值得你现在就停下来，你还可以再往前走得更远、更高一些。

5. 研究生生活给我带来的更多是生活态度的改变。我曾经用一年时间的苦行给自己赢得了一张研究生的"船票"，而事实证明，这段"船上"的岁月确实大大影响了我的人生。

6. 考研就是放弃简单的快乐，从痛苦中寻找快乐的过程。这种快乐虽然来之不易，却能滋养你的人生很久很久。

7. 要说起读研带来的"好处"——更好的资源、更好的实习和工作机会，读研确实给我提供了这些实实在在的东西，但最重要的是它提供给我更宽阔的视野，让我找到关于生活的意义。

8. 还记得 18 岁高考之后填报专业，我完全不明白自己真正想要什么，但是通过考研、通过读研，我爱上了自己的职业，爱上了教育。因为考研，我的生活完全自洽了。

9. 我从来不觉得考研之后，人生之路更平坦，更不觉得考研是生活难题的万能解药；相反，考研是打开自我的开始，而人一旦打开了自我，就会发现漫漫长路上还有更多新的目标、新的挑战。

10. 有些事情做完了，益处是一时；有些事情坚持到底，益处是一生；而考研这件事，是后者。

11. 与其说人生是一场较量，不如说是寻找自己的发现之旅。有的人特别幸运，在很小的时候，他们就找到了自己的热爱和兴趣，但更多的人则没有那么幸运，我们需要去摸索和寻找，而考研，往往就是这个寻找过程中的重要一步。

12. 因为我想遇到更优秀的人，因为我期待看到不一样的风景，因为我想要更加广阔的人生！

13. 很多时候，因为我们的见识所限或者各种各样的原因，导致人生走了几步不适合自己的弯路，但绝不要按部就班就此沉沦。人生的赛道很长很长，一时的弯路不能决定最终的成败，只要没到盖棺定论的那一刻，我们就都有改变的机会。

14. 面试的惨痛失败让我意识到一件事，那就是：我需要一块敲门砖。由此，我萌生了进修读研的想法。

15. 我的考研轨迹，是一个找回初心的圆。我要考研，我要读自己想读的专业，我要去自己想去的城市，我想凭自己的能力重新开始。

16. 如果你也曾被人看扁，如果你也曾让自己失望，如果你也像我一样渴望拥有"重来一次"的机会，那就去拼一把。

17. 考研对我来说不仅仅是一场考试，它更像是一根拐棍，带我从迷雾中一点点走出来，我攻克了它，它也驯服了我。

18. 本科录取通知书下来的那天，我就知道四年以后有一场叫作"考研"的硬仗要打。我的高考成绩不太理想，专业也不尽如人意，考研是唯一能弥补高考遗憾的机会。

19. "考研"这两个字承担的绝不仅仅是那几张试卷，那些密密麻麻的题目，而是两个最重要的词：一个叫青春，一个叫梦想。

20. 我想很少有人一开始就明确知道自己想要怎样的生活，答案要经过漫长的摸索才会显现出来。也许，忽然有个瞬间你就茅塞顿开、豁然开朗，也可能很长一段时间里你都浑浑噩噩，迟迟没有醒悟。对我来说，考研就是那样一个倏尔清晰的瞬间。

21. 读研，意味着你已经从一条溪流汇入了真正的大海。研究生阶段的一个核心任务与其说是学习，不如说是通过学习来寻找自己，寻找未来生活的道路。

22. 在我的理解里，研究生阶段的学习是 100% 主动的事情，三年时光就像走向社会前的一个缓冲期。在这段时间里，我们可以尽情探索，以找到自己擅长的事情，为人生创造更多选择。

23. 读研以后，我才逐渐明白读书最大的意义——不仅是为了实现个人梦想，更是为了穿过原生家庭的迷雾——通过读书，我们强大自己，才能回过头来更好地面对原生家庭，并与之和解。

24. 人生的道路是很漫长的，考研是人生路上的一盏路灯。这盏灯点亮了，会照亮你未来人生道路上的一段路途。

25. 对于我们这些在职人士来讲，之所以"幡然醒悟"决定考研，或许是人生被逼无奈，或许是人生将至 30 岁的撕裂觉醒，总之都是经历了一翻痛苦的挣扎。

26. 人就是这样，当你所学的东西越多，就越能发现自己的浅薄和骄傲。是考研，悄悄给了我一双智性的眼睛。

27. 我希望，在未来能够成为女儿的榜样，让她知道自己有一个不曾放弃自我、不曾放弃奋斗的妈妈。

28. 我想冲出去，冲出自我的牢笼，冲出现在的生活。

29. 作为大山深处的农家女，从小就被灌输知识改变命运。考研，我考的不是研，是对命运的抗争。

30. 我不想要一个一眼看得到尽头的未来。我想做自己喜欢的事。

31. 我深知三本的学历在社会上毫不起眼，在激烈的竞争面前优势很小。笨鸟先飞，对更好的未来的渴望，使我拥有了一往无前的信念。

32. 在对自我的认知越发清晰之后，我决定考研，去系统地学习自己喜欢的专业，给自己一个重新选择的机会，可以说考研是我前半生里为数不多的自己做主的重大抉择之一。

33. 作为一个体育生，我选择在年轻且有拼劲的时候继续投资自己，通过考研，弥补专业上的短板，在研究生三年里学习到更多的知识，争取在日后拥有更多的工作选择权。

34. 尽管已经是两个孩子的妈妈，我依然觉得，人如果对知识能够无限地追逐，那样的人生，一定是非常有意义的人生。

35. 距我的考研，已经过去 11 年了，凭着研究生学历拿到的"入场券"和自己这些年的努力，我算是在一线城市站稳了脚跟。为什么要考研？因为它给了我人生第二次选择的机会。

36. 第一次考研失败后，我开始了工作实习，发现自己在本科所学的知识远远不能支撑我继续走下去。于是我决定再次考研。要问我从考研中得到了什么？我觉得是一种勇于面对失败，再来一次的精神，不到尽头，绝不轻言放弃。

37. 考研因为三个字——不甘心。不甘心就这样与自己理想的学府擦肩而过，不甘心曾经无数次在梦中勾勒出的梦想，好像几乎快要成为现实的梦想就这样被放弃掉。

38. 大三下学期，内心只能用"慌张"两个字来形容，就像一辆车行驶到了分岔路口，不知将驶向何方。我想要改变自己！考研既能让我找回学习的初心，又能让我明白当下该做什么。

39. 考研对于我而言，就是青春的救赎。

40. 从专科到研究生，读研的三年于我，是珍贵的宝藏。天地辽阔，每个人都有自己的选择。但是如果你想看看更多的风景，想认识更多的人，想听更多的故事，那么考研是其中一条路径。也许在这条路上不一定能见众生相，但你能看清你自己。

41. 在我看来，大四考研，算是人生中最为享受的一件事情，无须考虑爱情，无须考虑工作，没有经济上的压力，你要做的，仅仅是学习。但考研也是一件压力很大的事情，没有即时反馈的快感，也没有收入。你所要做的，就是努力，再努力，别否认自己。

42. 尽管最后的考研结果有点可惜，我也并不后悔，因为在整个考研过程中，自己一直都在拼命，在努力，没有过一丝懈怠。我想对 2010 年的那个勇于考研的自己说，你真的很棒！

43. 四处投简历，四处参加招聘会，但是想找个好工作，迎接的都是一句话："抱歉，你学历太低了！"当养活自己都成困难的时候，考研成了唯一的出路。

44. 在两次考研失败之后，我曾经找过一段时间的工作。正是这段黑暗的找工作经历才让我下决心再次考研，我不想过多么辉煌的生活，我只希望干自己喜欢的事情。第三次考研与其说是选择，不如说是最后的一根稻草。

45. 当时我看到了一个准备考研的学姐，她的状态自信又自律，让我羡慕，我觉得我要考研，感受一下这个状态。

46. 我一直向往着能够继续向更高处"生长发芽"，所以选择了考研这条路。不单单是为了一纸文凭，我更重视的是考研能够让我体验不一样的平台，并且通过更高的平台拓宽眼界、提升自己的硬实力。

47. 因为我就像一颗种子，想通过研究生学习汲取养分。

48. 我这个专业前方到底是什么样的？我很想知道答案。也许，前方真的如很多人所言并不美丽，但我还是想自己去经历一番啊！我想通过读研去了解，去发现，去经历。

49. 毕业后，我考了教师编，回到了高中母校教学。看着昔日的老师，我仿佛看到了自己的明天，这种一眼看到底的生活好像并不是我想要的，我想通过考研，去探索我想要的生活。

50. 现在的我已经是一名在读研究生，回想考研，它是我第一次为了做到一件事而付出一整年的努力，让我明白"精进"二字的含义；它是一种长久的心性的淬炼和磨砺，要求我一次又一次地战胜自己；它逼着我从原有的固化认知中跳出来，让我看到更为宽广的人生。

01

第一章
为梦想拼搏的日子

—

02 第二章
"上岸"后的风景

—

03

第三章
考研，值得！

—

04 附录
考研小百科

基础篇

CATALOG

学习篇

第一章

为梦想拼搏的日子

——

考研如登山

向上的道路充满荆棘

但勇者不惧挑战

一个个背过的单词

一次次早起的清晨

一根根写完的水笔

那些挥洒汗水的日子

从来不会辜负你

时间不语

但早已悄悄为你准备好了答案

一名乡村教师的备战之路：
心怀梦想，则处处宽阔

讲述人：吴欣颖（鱼书）
师范定向生，自考本科，乡村在职教师。

小县城有白天的楼顶、雨天的地下室、阳光下的广场和嘈杂的肯德基。只要静下心来，它们都是我的自习基地。只要心怀梦想，便能安住在一本小小的书本里。

——鱼书

我的一辈子不能就这么算了

我的故事开始于毕业那一年的实习。

2019 年，我在本地村里一所小学任教。我还记得那是 4 月——凛冬离去、万物生长的 4 月，却又是让我感到无尽迷茫的 4 月。我忽然意识到：**我的一辈子不能就这么算了。**

在我很小的时候，爷爷骑自行车送我上学，问我长大以后想做什么，我告诉他我想当老师，后来爷爷高兴地把这话转述给家里人，说："这娃娃长大想当人民教师喽！"

当时我并不知道世界上有很多种职业，教师只是我知道的少数几种职业之一。

小学六年级那年，有一次语文课上我不小心睡着了，老师在讲台上叫我，开玩笑地说："鱼书，放学啦！"我猛地抬头，转身准备拿书包，全班同学哄然大笑，我也傻兮兮地笑了。奇怪的是，从那以后我喜欢上了语文课，也喜欢上了老师这个职业。放学的时候经过讲台，我总会站在上面一会儿，想象自己是老师，要和台下的同学们说些什么。

时间真的是一把杀猪刀，进入青春期以后，我的"教师梦"开始走形，裹上了一层惰性的外衣——我想要大人口中的"铁饭碗"，我希望未来的生活轻轻松松，不用为考试焦头烂额，不用为找工作而劳苦奔波。于是我选择了一条绕过高中三年"摧残"的路，放弃就读普通高中，选择了师范类的专科学校。

没错，故事的主角"我"是一名普通专科的师范院校毕业生。

就这样，我度过了风平浪静、毫无波澜的几年校园时光，直到毕业的 2019 年，在即将走上乡村教师这条路时，我的心却感到一种沉重的失落，仿佛人生缺了一大块：是没有经历过高考的遗憾吗？与其这么说，不如说是没有为自己喜欢的城市和学校奋斗过、拼搏过、坚持过、痛苦过的感受吧！

我的生命里少了一种最重要的感受，那就是**去努力活着**。

我，仅仅成了大海中的一股不知名的细流，无形中被推着走，没有思想，没有意愿，也未曾激起过任何的浪花。

难道就要这样过一生吗？

小时候的自己站在讲台往下看的那个镜头一直在我脑海里挥之不去：**我，还是那个真的想要做一名人民教师的我吗？还是仅仅在贪图"乡村教师"这个职务的稳定和安逸？**

这个问题像针一样刺中了我。

周星驰的《功夫足球》里有一句台词：**做人如果没有梦想，跟咸鱼有什么区别？**

于是，在 2019 年的暑假，一个人，一间房，一座城，我开始了考研之路。

两耳不闻窗外事

这场战斗从一开始就十分艰难。

毕业的同一年，我先参加完自考，拿到自考本科应届生的身份后便报名了研究生考试。

毕业典礼过后，我独自留在这个县城，住进亲戚家闲置的房子，开始了从家到图书馆"两点一线"的生活。我的一天从早上 6 点开始，起床开始晨读，晨读的轨迹从房间到客厅再到走廊，一直读到 8 点出门去图书馆，路上顺带吃个早点。

从亲戚家走到县城图书馆要 15 分钟，而这 15 分钟却让我无比享受，为接下来一整天加满了油。走在路上，我插着耳机，单曲循环着苏打绿的《相信》——

> 我会永远相信，
> 开始掉下的泪，
> 你和我的世界，
> 痛褪去更清晰。

如果说报名时的专科生身份是第一重困难，那么第二重困难就是我的理论基础严重不足。

严格说来，我是一名"跨考"生。虽然专科实习经历能帮助我理论联系实际，但是教育专业"333 大综合"的背诵着实让人痛苦！我几乎每天要花 8 个小时背诵，却沦陷在背了又忘、忘了再背的反反复复之中。夏日酷暑，为了让自己打起精神，我放弃了有空调的房间（太容易睡着），每天带一个充电的小风扇坐在图书馆的过道里，一边"蒸桑拿"一边背书，起身时小板凳上一片汗渍。

在暑假孤军奋战的日子，一丁点的美好也会被放大，至今回忆起来心头仍然一暖——

我记得将手机放在图书馆走廊长椅上，走来走去背书时，清洁阿姨提醒我注意手机；

我记得酷暑难当时，我仍然坚持每天中午在顶层公共区域背书，管理员姐姐心疼地劝我找个凉快的自习室；

我记得同在图书馆自习的叔叔，我在走廊背书时经常碰到他，某一天他站在桌前询问我在备考什么以后，向我竖起大拇指说："加油！"

暑假的那段时间，我特别喜欢"学霸"张锡锋的演讲，甚至将他的讲话稿抄在了日记本的第一页。每当学累了出门散步时，他的话一遍又一遍在我的头脑中回放："你的理想是诗，理想是梦，理想是远方的田野，是超越世界的旅行，但现在你能做的所有，只是——把手握紧，厚积薄发！"

天气一天天变得更加炎热，在外面随便走几步就是大汗淋漓，县图书馆里的人也越来越少，而我却越来越珍惜暑假剩下的每一天，不敢去想接下来的日子要怎么办——和所有应届同学们一样，我也签下了毕业合同要在农村任教，我只能静静等待着 8 月底到人事部报到。

开学，排山倒海的工作来了

属于我的"两耳不闻窗外事"的生活在 8 月底结束了，忙碌的日子果然来临。

新老师入校，总有那么多杂事在前方等着，而出乎意料的是，初出茅庐的我竟然被分配身兼数职——担任四年级班主任、语文老师兼英语老师。在学校忙碌完一整天，到家已经是筋疲力尽，食之无味，匆匆扒几口饭便冲进书房，先备好第二天的课程，然后赶紧翻开教育大综合继续背背背！

夏末的夜晚，电风扇的呼呼声与蚊虫的嗡嗡声和我背书的声音掺杂起来，奏响一首奇异的交响曲。那段时间实在太累，累到屁股不敢挨着凳子，感觉一靠上去就能睡着，无奈只能站在房间里背，实在累了，就开门出去看看外面的人影、灯光和星星。

一眨眼，中秋佳节翩然而至，好不容易有了三天假期！经过开学半个月疯马一般的忙碌，我好像突然泄了气。这三天假期本可以抓紧时间复习，可我却感到了迷茫：如果不考研，我的生活该轻松许多吧！我的心里开始生出一个退缩的念头：如果能在新单位顺利留下，那就……不考研了吧？

是一时的气馁，还是最后的决定，我不知道。我选择先给自己放一天的假，和朋友们出去玩。慢悠悠地逛街、吃饭、聊天，清空脑子里所有事情，让心情归零。

傍晚，我坐在回家的公交车上，看着窗外的景色，心事重新浮了上来：接下来的生活会是什么样的呢？我感到自己的初心又回来了，我决定不去想那些困难，心里只有一个数字：考研倒计时 99 天。不管结果如何，我都要熬过这 99 天，撑过去，我就胜利了！

所以，这里有个小小的经验想分享给你：**当你焦心到极点的时候，不要急着做决定，不如放空自己。人在放松的时候，心底那个最初的答案自会重新浮现。**

实际上，当你拼尽全力决定做某件事情的时候，老天也会帮助你。

正当排山倒海的工作都压到我身上时，谁知道一个电话，将我从繁重的学校工作中"解救"出来：我被调到了另外一个工作单位。

就这样，我开始了在新单位的工作，新同事们都非常友好，他们知道我不熟悉全新的工作领域，并且正在备考，便揽下了工作的大头，只是让我帮忙打打下手。在新单位，偌大的办公室里一般就我和另外一个同事两个人，偶尔外出考察，剩下的时间都是在办公室里聊聊天，泡泡茶，浇浇花。对一般的上班族来说，这日子简直如天堂一般惬意。

但对我而言不是。

大量时间又重新回到我的生活中，是一种失而复得的心情，抱着感恩的心，我不断提醒自己：这是上天给你的机会，让你去完成梦想，不要被眼前的岁月静好诱惑。

很快，我便调整了自己的复习计划，更加充分地安排学习时间。在办公室里，我克制住了自己爱说话的习惯，全身心投入到复习之中。渐渐地，在我的影响下，另一位同事也从家里带了她想报考的资格证教材，工作之余翻看起来。

如果有幸回到当时的情景，以第三者的视角推开办公室的门，你会发现这个办公室极其安静，两位年轻女子各自坐在座位上，翻阅着眼前的书本，窗外不时传来汽车驶过马路的嘈杂声，却打扰不了她们的世界。

我想，这就是影响的力量吧——**如果你做一个太阳，你身边的人也会跟随着你旋转起来；如果你沉沦了，你只能跟随环境一起沉沦。**

小县城里的冲刺时光

国庆节是提前拉响的号角，提醒我：冲刺时间到了。

我决定加大复习强度，每天复习到凌晨 1 点再睡，可我的身体却发出了强烈警报——只要夜里 12 点一过，如果还坐在书桌前，我就会感到心悸和胸口痛，于是我只能放下书本，乖乖上床休息。

长时间的焦虑、睡眠不足和食欲不振，还是让我的身体熬出了一些小毛病。我的耳朵后面长了一个疙瘩，像个小瘤子，不摸不知道，但只要按下去就很痛，医生说这是急火攻心造成的神经性皮炎，虽然内用外服了一堆药，疙瘩却没有消失。

此外，还有一个困难，说大不大，说小也不小，那就是困乏。

金秋时节，天高气清，人特别舒爽，简直没有比这段时间更适合睡觉的了。有时候午觉一睡就是两个小时，起床以后脑子昏沉沉的，复习效率也很低。尝试过定闹钟，将手机就放在耳朵边上，为了不吵醒同事，闹钟响起的一瞬我就弹起来关掉，可马上倒下又睡着了。

为了能有效地控制午休时间，想来想去，只能让自己时刻铭记一个事实：我的备考时间不多了。于是我给自己做了一个倒计时的纸牌，每天用油墨笔加粗写上倒计时的数字，贴在办公桌上，一抬头就能看到。有时候醒来关掉闹钟想继续睡，但那个数字在心里一闪而过，就像火星点燃似的，再也睡不安稳，人也清醒了。

天亮得越来越晚，我依旧是早上 6 点起床，迷迷糊糊地洗把脸，让自己清醒，然后在家站着背一个半小时的专业课；再次抬头，太阳已经升起来了，接着吃饭、出门上班。在单位只要没事，除了上厕所和吃饭，自己就像个隐形人一般，不抬头不乱动，将自己深深埋进书里。午饭以后限定 15 分钟休息时间，接着开始下午的复习。下了班，打开车载音乐，继续播放专业课音频。到家以后，先冲进书房学习一会儿政治，等到饭点的时候，快速盛碗饭，点开综艺节目稍微缓解一下自己紧绷的大脑。一集综艺节目 50 分钟，我往往分好多天才看完，因为晚饭 10 分钟就吃完了。吃完进书房继续背书。总的来说，冲刺的那段时间，我每天平均学习 13—15 个小时。

11 月，考研冲刺进入白热化阶段，每天高速运转的复习压得我喘不过气来。

单位的卫生间成了我释放压力的地方，有时候完成一部分的复习任务，便趁着上厕所的时间刷刷微博和朋友圈；有时候趁四周空无一人的时候，在卫生间放肆地哭一把，将压力、坏情绪、对未来的不确定，随着眼泪全部流掉，擦干眼泪，平静心情，回到办公桌前继续看书。

到考试倒计时半个月时，我的心情每天都像过山车一般起起落落，上一秒还在为自己答对了一道题而欢呼雀跃，下一秒就觉得自己考上的希望非常渺茫，心境就像一口积蓄已久的火山，随时就要爆发。

说不在乎别人的眼光，那是假的。

他人的不屑和怀疑，我都可以尽量做到无视，可家人的不理解最让我难过。我的家人无法理解，乡村教师明明是一份让人羡慕的稳定工作，为什么我这么"想不通"还要去冒险折腾。关于考研，他们倒并没有阻止我，但也说不上支持。在客厅里看电视、说话、走动的时候并没有意识要为我降低一点点音量。

最后半个月，那段时间家里经常有很多客人，书房里火急火燎的背书声和客厅里的嬉戏笑闹构成鲜明对比，我再也承受不住，满肚子委屈无处发泄，拿着书夺门而出。

一口气冲出来，我走了很远。路上经过了一所学校，教室里灯火通明，书声琅琅，我的心里产生了一丝羡慕，多希望未来的自己能坐在大学教室里啊！我干脆蹲在学校路旁一盏感应灯下面，翻开专业书看了起来，无视身旁行驶而过的车辆。灯灭了，我就站起来跺跺脚，然后继续背书。背着背着，自己的声音哽咽起来，一句句和泪水混合在一起，直到我再也听不清它们……

还有 14 天，不管怎样，14 天以后就结束了。

冬至之日，放手一搏

对于我来说，研究生考试是件天大的事情，我必须保证万无一失。

其实，笔试的考点离我亲戚家很近，不过十分钟的车程，但我总是忍不住东想西想：亲戚家的楼层太高，爬楼会不会浪费精力？楼下要是有人放音乐跳广场舞岂不是影响我休息？第二天早上要是堵车了怎么办？要不还是订个酒店吧？可是——如果酒店房间隔音不好怎么办？旁边有人打扰我怎么办？万一睡不惯酒店的床怎么办？

左思右想，最后我还是一时冲动订下了学校附近的高价酒店，再想想昂贵的退房费：就住这吧，不多想了！

考试前几天，在坐大巴去酒店的路上，不知道是因为冬日的严寒还是过于紧张，我竟然一直在发抖。翻开微信，刷到学姐们给我们2020届考生录制的加油打气的音频，刚听到前面半分钟，画面里的学姐说：走到这一步，你们已经很棒了！考完一定记得给自己一个大大的拥抱，不管怎样一切都会过去的……

我的眼泪一个劲往外冒，打湿了一整张纸巾。十分钟后，售票员大叔站在我面前，悄无声息地等着我买票。后来想想也挺好玩的，当大叔看到了一个哭得满眼通红的女生，会不会想：这个女娃娃失恋是多苦啊，哭成这副模样！

到了酒店，来不及收拾，我马上翻开书开始背政治，可是昏暗的灯光，柔软的沙发，窗外陌生的景色都让我久久不能进入状态。但时间不能浪费掉啊！还有"肖四"没有背诵、英语作文的模板也还不熟，想到这，我赶紧又背上书包，骑着共享单车，到肯德基里找了个靠窗的冷清座位继续背书。

可是，这个城市的冬天太冷了！我随身携带的棉袄都太单薄，以致于考试前一天晚上我着凉了，头有些隐隐作痛，而第二天的天气更加阴冷，而考场竟然没开空调，上午政治考试的三个小时里我的脚趾头几乎冻僵，头疼的位置逐渐蔓延到了整个太阳穴。可千万不能倒下啊！我对自己说。

谁想到中午天空又飘起了毛毛雨，阴冷刺骨，不仅我的身体冷，心也寒到极点——下午的英语考试是我自认为最有把握的一门，可试卷上的那些阅读题怎么都看不明白，就连题干都一行行那么长！整个人一紧张，到写作文的时候，我连作文模板的句子也记不起来了，明明是有印象，但就是想不起来，时间一分一秒地过去，到最后我只能咬牙硬着头皮写。

第一天结束的下午，我记得很清楚，带着剧烈的头疼，我瘫在椅子上，心里不断地捶打自己：我怎么这么差？我怎么这么差！我一定是考不上了！

人趴在桌上眼泪一直掉，足足哭了 5 分钟，我打开手机 QQ 群，看到群里的老师和同学们发来了很多安慰的话，诸如，"不管考得如何，第一天都结束了，不要想着对答案，考完一门就忘掉一门！""真正的'大头'是专业课，今晚好好复习，打好明天最后一场战斗！"

看到这些话，我的心里稍微松快了一些，虽然第二天的专业综合是我复习最久的一门课，但直到最后一刻我也不敢掉以轻心。经历过第一天，到晚上我已经头疼到什么都背不进去了，张张嘴都会牵动两侧太阳穴的神经，引发一阵疼痛。于是我改为在心里默念，反复翻看专业课的知识点和框架，实在头痛到看不进去的时候就躺在床上休息一下。

第二天一睁眼，我就从床上弹起来看专业课历年真题。距离考试开始还剩 10 分钟，我前一脚迈进教室，心里觉得差不多了，一看表，还有 10 分钟，又把前脚赶紧缩回来，翻开书看了一下夸美纽斯的教育理论。结果拿到试卷的那一刻，我心里乐开了花！整整 20 分大题，考的正好是夸美纽斯理论！

念念不忘，必有回响。半年来，日夜颠倒的背诵终于在拿到试卷的那一刻看到回报，这些试题都好熟悉——"确认过眼神，是我当初反反复复背诵的题！"

经过三个小时的奋笔疾书，最后封上信封，我看到信封上六个大红字外加一个红戳："江西师范大学"，不禁陷入一阵恍惚：这就是我明年要上学的地方吧。监考老师过来收取试卷，我便将试卷和对未来的期待一并交到了他的手中。

不管结果如何，我知道自己没有辜负这大半年的时光。因上努力，果上随缘。

有人说，考研就像在一间黑屋子里洗衣服，你不知道洗干净没有，你只能拼命地洗，等天亮了，就知道了。12 月 22 日，冬至，是北半球一年中黑夜最长的日子，而过了这一天，白昼越来越长，光亮也会越来越多，我知道黑屋子里的那些衣服也将明亮起来。

最后，想要对你说的话

每个优秀的人背后都有一段沉默的时光，那些拼命付出却不一定会有结果的蛰伏岁月，我们把它叫作**扎根**。

至今我仍然记得小县城的复习时光——当地的自习室寥寥无几，我的学习基地是白天的楼顶、雨天的地下室、阳光下的广场和嘈杂的肯德基，但只要心怀梦想，静下心来，就能够安住在一本小小的书本里。

考研期间，每当坚持不下去的时候我会反复看一部日本电影，叫《垫底辣妹》。这部电影很热血，但它的热血不是一个偶然失手的天才重回巅峰的热血，而是一个真实平凡的普通人通过自己的努力改变人生的热血。

其中有两段台词，我想把它们送给正在考研的你——

"知识就像魔法一样啊，知道的东西越多思维也越开阔。去了喜欢的学校的话，世界也会一下子开阔起来，人生也会丰富多彩。"

"不管周围人怎么说你不行，充满自信地继续说出你的梦想，不怕嘲讽和失败。敢于挑战梦想的力量，对我来说是多么耀眼！"

一个北方孩子的江南梦：
不上"苏大"誓不罢休

讲述人：唐　英
甘肃政法大学本科生，目标院校苏州大学。

　　考研这个东西，只要动了念头，除非最后考上，否则一辈子都难以真正放得下……人一旦有了梦想，就再也不能满足于在地上爬。

——佚名

梦，起于苏大

　　我想考苏州大学，我向往那一片天地。

　　如今，考研之路已过大半，苏州大学自始至终都是我的执念。

　　苏州大学的宣传片，我看了好多遍，从天赐庄、独墅湖到阳澄湖，苏大校园的每一帧景色都让我心心念念不能忘；苏州大学的明信片，我买了好多张，将它们贴在目力所及的所有地方，临睡前看看那里的秀丽风景，再疲倦也不觉得苦；我很少流泪，但一个深夜当我刷到苏州大学的官方微博，看到一条期待新生的内容时，我的眼泪"唰"地滚落下来。

那是我日思夜想的地方啊。

或许有人难以理解：何必对一所学校执念如此？**我想，我对苏大的感情，就像《诗经》里所写："窈窕淑女，君子好逑"，那是一种深深的眷恋——它代表一个北方孩子对于江南水乡的热爱，代表一个中文系学生对于人文氛围的向往。**我喜欢苏大的学术气氛，喜欢那里的每一幢建筑，甚至在"B站"上听了许多节苏大老师讲授的中文课。每次看到苏大推送的任何消息，我都万分激动——今年苏州大学的 120 年校庆，我更是从心里由衷感到自豪，提前将自己带入到苏大的集体中。我相信，来年，我一定会带着录取通知书，骄傲地迈入苏州大学的校门。

好了，抒情了这么多，下面来说说我自己的故事吧：

我的本科学校是一所"双非"院校，位于甘肃省兰州市。在父母眼中，这已经是一所省内知名院校，我成长的家庭里长辈对女生也没有太高要求，觉得女孩将来总是要回归家庭的，所以只求我踏踏实实拿到本科的毕业证书就行。

可是在我心里，却总有一种巨大的失落感。

有一本书叫《35 岁前要做的 33 件事》，这本书上说：35 岁之前，人一定要彻底地消灭做伟大人物的念头，这样才不会好高骛远，专注于脚下。我很早就知道自己将来不可能成为所谓的"伟人"，但我也绝不允许自己做一个平庸的人。

我的本科是汉语言文学专业，进入大学以后第一件事便是义无反顾地选择了辅修法学，一方面是因为我们学校的法学专业在西部算得上很厉害，但更多是因为我觉得自己应该学会以更多角度去看待这个世界，大学于我而言不仅仅是拿到文凭那么简单，**它占据了我人生的黄金 4 年，应该尽最大可能地打开自己。**

直到现在，我的法学辅修课还没有结课。说实话，一边准备考研，一边辅修法学真的很累，每个周末都排满了课，每个期末考试都"压力山大"，但你要问我是否后悔，我的答案是：不后悔。

就这样，忙忙碌碌中大一很快就过去了，时间来到大二的下学期。当时许多考研机构都开始发放 2021 年研究生考试的宣传单，于是自然而然地，我心中的"南方梦"被唤醒了：作为一个北方孩子，我从小到大都对江南水乡深深地着迷，苏州大学几乎满足了我对南方的全部想象。更重要的是，我想继续深造中国语言文学专业，而苏大的该学科评估是 A-，在国内算得上优秀，也符合我的实际能力。于梦想、于现实，我真的再也找不到第二个比苏州大学更让我倾心的目标了。

于是，从大二下学期开始，我的学习重心慢慢发生了转移。

我推掉了许多可有可无的活动，花许多时间用来研究苏州大学的研究生官网，在热心的学长学姐的指导下，认真分析每一项考研数据背后的意义，并且把苏州大学历年的录取分数牢牢刻在心里，同时在各大 App 上寻找有关苏大的考研经验帖，在论坛上搜索报考苏大的专业课资料……

在这里，我特别想感谢一位专业课的老师。

那天下课后，我走到讲台向老师请教一个问题，最后顺带说了自己准备考研的事，没想到老师放下手中正要收拾的包，开始和我聊起考研的事情来。他以自己求学的切身经历帮助我分析目标院校，为我的考研复习计划提建议，帮我考虑联系导师的事宜，并且让我后面有任何复习问题一定找他……我们站在讲台聊了很久，直到中午教室里所有的同学都离开。那一次的聊天对我影响很大，道别的时候，老师拍了拍我的肩膀，说：**唐英，本科的时间要好好抓紧呐！不能温水煮青蛙就这么过去了。**

我知道这位老师教过许多学生，明白他这句话里的分量，后来的日子里每当自己有所懈怠的时候都会用这句话提醒自己。这一辈子，老师的恩情永远在我心里。

没想到，低谷来得如此之快

算起来，我的考研准备从 4 月份正式开始，一开始在学校安安心心地复习了几个月，并没有感受到什么艰难，一切游刃有余。6 月初，学校开始放假，我把一部分书寄回了家，自信满满地打算暑假在家里"全身心"复习，可没想到这个夏天差点让我放弃了考研的决定。

在家的日子，我天性中懒散脆弱的一面暴露无遗，整个人好像和家里舒适的环境"相克"，以前在学校一天就能完成的复习量在家里竟然两三天都完不成。每天早上往书桌上一坐就浑身无力、头昏脑涨，一会儿看看手机，一会儿发发呆，一会儿打打瞌睡，一上午的时间就过去了，摊在面前的书本却始终停留在前面几页。状态怎么都调整不过来，心里焦急得要命。

而越进入不了状态，人就越怕，我不敢去想考研落榜的情景，但那个念头就像一个黑洞深深地吸引着我。窝在小小的卧室里，大门不出二门不迈，每天面对学校多如牛毛的网课，要处理随时到来的琐事，我的心烦到要爆炸。随手翻开朋友圈，又总是看到有人在发美美的自拍、怡人的旅途风景，过着无比惬意、五彩斑斓的生活，为什么唯独我的生活如此狼狈呢？！

到了深夜，简直是一天负能量的顶点，躺在床上望着满桌乱七八糟的书本和笔记，脑子开始胡思乱想：明年这个时候会发生什么呢？一切已经尘埃落定了吧，最坏的结果是我还像现在这样"废柴"在家，既没有书读，又没有找到工作……

没想到，考研复习的低谷来得如此之快，暑假里有一段时间我过得特别扭曲——经常躺在床上睡大觉，要么白痴一般冲出门在太阳下暴走，要不就是抓狂般暴饮暴食到自己想吐，或者站在窗前发呆……

我家附近有个中学，有时候胸中憋闷难耐，我会去学校操场走一走，跑几圈，一边跑一边自言自语（其实是"吼"），反复问自己：

我是不是个考研的人？我是！

这条路是不是我自己选的？是我自己选的！

要不要坚持考完？要！

而复习状态发生改变，是在一个深夜。那天晚上我照常失眠了，于是打开手机上的App听到一个文化类节目,当时正聊到《射雕英雄传》里的郭靖,节目中的老师分析说郭靖看起来傻愣愣的,却能天下无敌,一个重要原因恰恰在于郭靖的"愣"是一种专注,对大多数人容易造成干扰的事情无法对郭靖产生影响,就因为"愣",他的大脑自动屏蔽了许多诱惑,所以能长期专注在某一件事上,终成大器。

不知道为什么,当时这段话一下让我开了"悟",不禁开始分析自己:那么我呢?我的性格敏感热情、耽于幻想、容易激动,虽然斗志满满,但其实很容易受到周围环境的影响,所以暑假回家我的状态就陷入了动荡,要么被手机上的新闻吸引,要么陷入胡思乱想的念头,有时候干脆扔下书沉浸在自己的情绪里。

我需要学习的,就是郭靖的那一股子"愣"劲儿。

于是,接下来的日子我开始练习"收心",控制自己的情绪。为了专注于学习这一件事,我将身边一切可能使自己分心的物件转移,比如桌上的水果、零食、梳子、镜子、驱蚊水等所有杂物全部挪走,将桌子收拾得光溜溜的,只剩下书本和电脑。

另一方面,我为自己重新制作了一份复习计划,每天起床第一件事就是坐在桌前列出当天的 *To Do List*,拆分每个学习任务,预估好完成的时间,完成一项就划掉一项,并规定每天学习的总时长不能超过 10 个小时,必须高效起来。

人最幸福的时刻,其实就是专注。专注的时候,你感受不到时间的流动,也感受不到情绪的波折,眼前只有一页一页翻过的书,一道一道刷完的题,整个人处于放松而协调的韵律之中,这样的学习时刻简直是幸福。睡前，当看到一天的任务全部完成，还能早早上床睡个美容觉的时候，那种成就感让我又一次找回自信的感觉：我一定可以考上苏大！

此外，我有一个复习方法还蛮特别的，那就是利用微信公众号。很早之前，我就注册了一个属于自己的公众号，但很少打理，读者只有我自己一人。考研期间我决定将它利用起来，隔一段时间就在公众号上整理学习方法和笔记，并定期发出来，形式简单，排版随意，有些是笔记，有些是错题专题，有些是知识点梳理，还有一些是学习过程中的所思所想，方便自己随时回顾，而整理的过程也是一种复习。

考研中那些温暖的人与事

一眨眼大三来了，开学以后自习教室里的氛围陡然紧张起来——大考将至，每个考研人都铆着一股子劲儿，我这时候才发现平时默默复习的一部分同学已经把我远远甩在身后，于是我也给自己的复习计划"加码"——

每天早上 6 点起床，坐在床上晨读到 7 点，然后以最快的速度洗漱、收拾，冲到食堂买早饭，排队的时候继续背书；8 点之前赶到自习室复习专业课，一直到 12 点去食堂吃饭，如果运气好的话还能碰上刚上新的热乎乎的菜和米饭（简直是最幸福的时刻）；饭后是一个小时的午休时间，往往是看着看着书就睡着了；醒来开始学习英语，学到下午 4 多，饥饿感慢慢弥漫上来，而这往往也是我状态最好的时候（略带饥饿感的时候复习效率最高），继续战斗！一直学习到五点半左右，肚子饿得实在受不了了，才去食堂吃饭；晚饭我吃得很慢，一点点细嚼慢咽，这是一天里最放松的时刻；吃完晚饭散步回自习室，同样也是慢慢地走，在校园广播里放着的音乐里放松一会儿，再继续晚上的战斗；深夜回到宿舍瘫倒在床，脑子已被掏空，但还是会在睡前花 15 分钟盘点回溯一下当天的学习任务。

最后阖眼，入睡。

这就是我目前的生活，每一天都在以这样的强度不断重复着。

有人问我，考研过程中有没有遇到让我特别有感触或者难以忘怀的故事？我想了很久，发现自己的生活其实很平淡，没有什么惊天动地的大事，不过却有很多温暖无比的细节。

进入大三以后，一个明显的变化是所有考研的人步伐都快了起来，包括我自己，但我身边的朋友大部分都没有考研，因为考研，我不知不觉疏忽了她们，她们却默默包容着我，成为我坚实而无声的后盾。

对考研的人来说，时间就是生命，不管做什么都在抢时间。比如去参加教师资格证的面试，面试完我正纠结是等朋友们面试完一起回去，还是自己先回学校看书，没等我开口，她们就主动催促我赶紧回去看书；再比如普通话考级，像是领证书这种事情朋友们都不让我亲自跑，能代领的都帮我代领了。有时候我觉得她们比我还担心时间问题，能帮我节约时间的事情，不用多说一句话，全帮我做了。

说到考研复习上面来，我其实没有并肩作战、共同作息的研友，大部分时间都独来独往，但我不觉得自己孤独。因为在苏大的考研官方群里我认识了很多小伙伴，对我来说，他们就是那些宇宙间美好的**"遥远的相似性"**——虽然从未见面，却因为同一个梦想而联结，奔着同一个"苏大"而去。有时候大家会在网上吐槽艰巨的复习任务，会分享各种学习资料，也会互相灌一点"鸡汤"来慰藉彼此。

除了这些，备考的路上我还遇到了许多人和事，虽然我并不认识他们，但他们的存在本身对我而言就是一种力量。

比如，每一个考研教室里都会有许多熟悉的面孔，在我的正前方坐着一个极其认真的女生，每天早上7点出现在座位上，不论何时，总是腰板挺得直直的，每当我学不下去的时候，就会抬头看看她精神的背影，便又有了学下去的动力。有一次，她一连两天都没有来，我甚至对她产生了深深的思念和担心，直到第三天早上7点她一如往常地出现，我悬着的心才落了下来。

再比如，我坐的那间自习教室里有几位都是"二战"的前辈，从复习阵仗上来看他们的经验丰富，而且复习的"狠劲儿"也比我们这些第一次考研的人要大。比如坐在我后排的学姐，她的桌上有一个巨大的水杯，这样每天就能少打几次水，节约时间；她的座位底下还有去年用过的保温杯、毯子、拖鞋，这些物件也将继续陪伴她度过今年的寒冬；她的抽屉里总是有很多零食，有一次我看书看到低血糖，她关心地递来一块士力架解了我的燃眉之急。

我也知道，自习室内每天总会有一位同学走得最晚，不忘关灯、关窗，日复一日……在这间小小的教室里，我们并不说话，许多人连名字都不知道，但彼此之间却建立起一种无言的默契。

还有一件事也让我印象深刻：我有一位关系还不错的同学，以前经常一起晨跑（那时我还没有开始考研），她是英语专业的，我记得当时她经常问我很多关于中文系的问题，我有些不解：明明是英语专业，为什么对中文专业这么好奇呢？直到大二下学期，她告诉我她准备报考汉语言文学的研究生，因为她从小心中就有一个读中文系的梦，听到这话我一下子就懂了。就在前几天，她还专门跑来咨询我中文系研究生的相关问题，从她的提问中，我诧异地发现原来她一直在一步步默默地做准备，而且非常扎实：从搜集资料，到专业课的积累，再到平时的文学阅读，她的水平已经丝毫不输一个中文系的本科生了。

总而言之，考研旅途上的人和事，让我印象深刻的细节数之不尽——有让我感到温暖的，有让我发自内心敬佩的，不管将来是否能考上，我相信这些回忆在我的生命里都是永不褪色的财富。

心有灯塔，便不惧孤单

毫无疑问，考研是孤单的，而且是具体而现实的孤单——它是每天压在桌上一本本的参考书；是一支支越积越多的空油墨笔芯；是无数个趴在桌上被热醒的午后；是早晨还未褪去的星星，是深夜已经入睡的月亮……**有时候孤单到我觉得食堂就是全世界最热闹的地方，想一直待着，看着那里的烟火和喧嚣也觉得幸福。**

可以说，孤单已经成为了我生活中的常态——

为了专注，我删掉了手机所有的娱乐 App，只在早晚各看一次微信消息；

为了专注，我推掉大部分的聚餐集体活动，不去在意别人的看法和言论；

为了专注，我关掉微信朋友圈，不让外界五彩斑斓的生活影响到自己；

为了专注，我已经很久没有逛街，不去看街上年轻的情侣依依惜别，不去看橱柜里漂亮的裙子；

空虚的时候，我埋入书中寻找慰藉，看《史记》、看历史传记，看伟大心灵是如何获得力量的；

疲倦的时候，我会揉揉眼睛，凝视着墙上贴着的苏州大学海报，慢慢地，心便会沉静下来。

我一再地提醒自己：**正是这种绵延不绝的孤单感，才证明了我目前的路走得踏实，走得稳当。古人有句话说得好，叫："冰冻三尺，非一日之寒"。大多数的人都喜欢抓住孤立的事件来看待生活，但生命的本质其实是长期而持续的积累。**

就这样，孤单的日子一天天流逝，一直流淌到此刻——自习室"嘎吱嘎吱"的风扇声，握起笔来微微冒汗的手，窗外日渐聒噪的蝉鸣，夹杂着闷热气息的清晨……它们都在提醒着我：酷暑已经来临。而我知道，这才到整个考研过程的第一个阶段，更艰难的时刻还在后面——距离 12 月底初试的时间越来越短，过了酷暑还有深秋，过了深秋还有寒冬，往后仍有许多个冷夜，有许多个低迷的时刻，但我相信自己终将蹚过。

我很喜欢看《奇葩说》，记得辩手许吉如在一次比赛中说过一段话，大概的意思是：我们之所以一直努力，就是为了吃到最上面的那一口甜美的蛋糕，而要吃到最上面那一口，你就必须要先一口一口吃掉下面那些很苦涩的东西，这些苦涩只能自己吃，别人代替不了。当我们一口口将那些苦都吃完，才能品尝得出最上面那一层蛋糕的甜美。

最近，我孤单的生活里多了一个新朋友，书桌上养了一支小小的绿萝，一开始只有几片叶子泡在水里，我几乎从来没管过，3 天过去，它的根部已经有细小的根茎抽出，我想这就是生命的力量吧！在任何环境中，植物都会拼尽全力存活下来，人也是一样呀，不管在哪里，只要给点阳光、土壤和水，都会努力扎根，去开拓，去成就自己的一片天。

我以前特别爱写诗，喜欢记录生活里点点滴滴一切美好：清晨的第一滴露珠，傍晚的最后一丝余晖，夜空中最远的那一颗星，还有书桌上的这一盆绿萝……如果放在过去，我可以写出许多首诗歌来，但现在，我不写了，不是因为生活中的诗意消失了，而是我选择暂时先将它们深深地埋在心底，像种子埋在土壤中一样，待到漫长的冬日过去，待到终有一天我迈入苏大的校园——我会缓缓走过东吴桥，我会在存菊堂前安然驻足，我会在每一个日思夜想的地方留下自己的印记，我会将那些埋藏的美好重新捧出来，写成最美的诗篇。

愿，你我的梦想，都能实现。

为了考研放弃"铁饭碗"： 哪怕飞蛾扑火，也要浴火重生

讲述人：蜜蜂同学
曾为银行职员，27 岁时选择辞职考研。

> 哪怕飞蛾扑火，也要浴火重生。

现在是凌晨四点十八分，结束了一天复习任务的我正坐在电脑前写下自己的考研故事，这场二月份才开始的战役，这场还远未完成的旅途。

曾经，我的生活，令所有人羡慕——

今年 27 岁的我从一所"985"+"211"大学毕业，大学时也算风光无限：名校名专业，成绩全系第一，拿着别人艳羡的奖学金，校内活动一个不落，担任社团的负责人，"混"得那叫一个风生水起；毕业以后，我顺利进入体制内的国企银行工作，朝九晚五福利好。在父母眼里，我是最让他们骄傲的儿子；女朋友是我的大学初恋，当初年少分手，大学毕业前一个月，我又重新追回了自己的"女神"。

任谁看，我的生活都是标准的"别人家的孩子"——事事顺利，步步稳妥。

可是工作到第五个年头，我的生活历经了一番巨大动荡——和女友分手，和父母决裂，放弃了别人眼里的"铁饭碗"，我一意孤行地选

择了考研。

对于大学本科就坚定要读书深造的朋友来说，考研是一早计划之中的事儿，但对于我们这些在职人士来讲，之所以"幡然醒悟"决定考研，或许是人生被逼无奈，或许是人生将至 30 岁的撕裂觉醒，总之都是经历了一番痛苦的挣扎。

接下来就说说我的故事吧。

工作五年，为何放弃"铁饭碗"转而考研？

● 被社会"毒打"之后的反思：

当年大学毕业，我抱着出人头地的鸿鹄之志进入银行，把自己当作"天之骄子"，没想到在工作半年后，就遭遇到人生第一个滑铁卢——必须为了生存拼业绩。

前半年当银行柜员的时候，那日子真是无比幸福：每天只需按时上下班，勤勤恳恳地办理业务，为客户做好服务，基本上一天的工作任务就完成了；不需要像其他的服务行业，可能在下班之后还要联络客户保持关系；周六日也可以正常地双休，要么陪女朋友逛逛街，要么和朋友打打游戏，或者是单纯地睡到自然醒。

然而半年之后，我们部门也开始考核业绩，但是我对销售真的毫无兴趣，每次都是硬着头皮给客户推销，不仅如此，还需要经常在闲暇时间联络和维系客户关系，以便在下一个季度出新产品的时候能够自然地劝说客户购买。

那段时间，年纪轻轻的我开始脱发，业务压力大是一方面，日复一日做着让人痛苦的工作更无异于精神上的"凌迟"。即便无奈，人总归要活下去，所以这样的煎熬我一扛就是好几年，直到工作第五年才提出辞职。

从银行辞职的那天，我本想重新开始，可谁知道走上社会，却发现自己除了银行工作的经历，其余什么都没有。更讽刺的是，当我去投简历的时候，除了销售类我竟然什么对口工作都找不到。

就这样，我发现自己来到转型期，却"无型可转"。

坐在桌子前，面对满屏的招聘页面，我陷入了深深的迷惘——何曾想到，工作五年之后，回头望去，自己引以为豪的竟然只有学生时代的成绩。

● 弥补当年没有继续读研的遗憾：

如果说工作的打击算是考研的主要动因，另外一个原因则是来自大学时期的遗憾。

我的家境不算好但也不算坏，从小到大衣食无忧，可以心无旁骛地认真读书。大学的时候本来有保研的机会，但还是想早点出来赚钱回报父母，而且五年前我毕业的时候，社会也并没有像现在这般竞争激烈，考研或者出国读书还不是刚需。

也许就是吃了"短视"的亏,真正走入社会,在银行待了几年之后,我已经不知不觉和社会有了些许脱节;而本职工作的"销售"又非我所爱,所以自己也从来没有用心对待,因此没有积累下什么过硬的技术;再加上工作本身的安逸,导致我没有用下班以后的时间充实自己,学习新技能,而是选择了去随波逐流地生活。

庄子说:人生天地之间,若白驹过隙,忽然而已。

辞职以后,我真真切切感受到了这句话,**青春,真的就是"忽然而已"**。眼前的困境让我不断拷问自己:为什么在大三那年没有选择保研之路,哪怕是去考研也行呀!研究生的选择面会宽广很多,不至于陷入今天这般尴尬无奈的境地。

于是,那一颗没有继续读研的"遗憾种子",从扛起销售业绩那天起,就种在了我的心里,到我辞职再投简历之后,破土而出。

和 18 岁高考相比,27 岁辞职考研的我承受了多大压力?

● 与女友分手:感情里,我成了落后的那个

我的女朋友(现在已经是前女友)非常优秀,我们也有过很多甜蜜的瞬间,尤其是最开始的那一年,两个人都沉浸在好不容易复合的"神奇缘分"之中。说起来,我和女朋友样样合拍,不论是性格互补还

是生活上的互相迁就，唯一不同的地方就是，女朋友是一个十分上进的人，而我却一直都是一个"佛系青年"。

她是中西方教育下的完美结合体，聪明、上进、同理心又很强，她了解我的家庭环境，也尊重我的意愿，从来都不会对我有过度要求和干涉。记得当时在银行工作的时候，我做业绩非常随性，就连领导都问过我：难道你的女朋友不会对你不满意？我笑笑说：她真的没有，她一向尊重我自己的意愿。

可是一段好的感情，是需要两个人并肩同行的，女朋友一路高歌猛进，我却一直止步不前。**我和她，没有谁真正说出口"结束"二字，但冥冥之中，我心里早就知道，我已经落下很远，而她已经走在了前面。**

在她的人生旅程里，她想去看更大的世界，希望世界能听见她的声音。她一直都有自己的梦想，也有一路都在支持她的父母，看上去永远激情澎湃，永远心无旁骛，而我表面看起来现实，但执行力和决心上却远远不如她。

最终，我主动选择放手，放她去更广阔的世界拼搏，而跟女友的分手，也让我重新开始审视自己的人生。

● 与父母"决裂"：乖儿子忽然不"乖"了

辞职决定考研，我反反复复给自己做了三天的思想工作，之所以这样犹豫不决，最大的原因其实是来自我的父母。

从小到大我都没有过反抗父母的意识，没有过青春叛逆，也没有什么长大之后的逆反心理。我一直认为按部就班地上学、工作是很正常的人生仪式，我的父母也经常骄傲地对别人讲，我是最乖的孩子，从小到大都不需要他们操心。

但是，当我把离开银行、要去考研的消息告诉他们之后，他们备感震惊，表示出很大的不解。在父母眼里，高考是正常的人生发展流程，但是辞职再考研在他们看来就是"反常"的人生路径。作为语文老师的父亲还曾一度问我：难道你是到了后青春叛逆期么？

不论我怎样解释，比如向他们解释工作过程中的痛苦，父母都是一句：工作哪有不痛苦的？我们也是这样过来的，你放弃了这么好的工作，以后哪里还有这样好的机会呢？在家苦闷地待了几天，也和父母争吵过几次，我仍然没有做通他们的思想工作。

在父母看来，他们的乖儿子突然"不乖"了，而在我看来，让父母相信我这一次，支持一回我的决定怎么这么难呢？无奈之下，我只能选择离开家里，重新回到工作的城市独自备考。

但是，现实的问题接踵而至，那就是经济压力。

● 经济压力：负债备考，借钱报班

虽然在父母面前"夸下海口"，但我不得不面对最现实的金钱问题。

我不清楚其他在一、二线城市工作的小伙伴有没有我目前这样的状况——工作了五年，到手工资除了房租、生活费、娱乐消遣以外，几乎没有剩下太多的储蓄。而以前我又不肯听女朋友建议去钻研一下投资理财，所以辞职之后，如果全职备考，既要交房租和养活自己，还要支付考研的一切备考费用，笔笔账算下来，我手里的存款就非常紧张了。等到交完房租、押金，留够一年生活费和缴纳社保的钱，再买好全部教材之后，我竟然再没有多余的一块钱去报考研培训班了。

走投无路的我也想过去做家教兼职或者去打工赚钱，当我和当时已经是前女友的她说了自己的想法之后，她坚决反对，觉得我应该孤注一掷，因为我的性格不适合分心做事。还是她，最后借了我两万块钱，让我安心报考研班，不要再有什么心理负担，考上以后再还给她就好。

当初没有能够陪她一起变得更好，如今却还得靠她的钱报班备考，这让我既有了更大的压力，也备受鼓舞，一下子不知道哪里冒出来的决心，我向自己发誓：考研"一战"，只能胜不许失败！绝不能辜负她的信任，也不能辜负我自己，更不能辜负远在老家被我伤心了的父母。

当精力不再似少年，如何打好考研这场硬仗？

解决了现实问题之后，我很快进入备考的状态。算起来到现在，我的备考之路才走了四个月时间。

我本来就是"考试型选手"，不论是找备考资料，还是制定学习计划，我都信手拈来，毫不费力。考研过程中我找回了学生时代的自信，也找回了已失去许久的状态和动力，唯一不能和年少时光相比的，就是我再也没有了当初那样好的体力和精力。

● **跑步，让我重新找回对生活的掌控感**

和高中的时候不同，那时候年纪轻轻哪怕每天只睡三个小时，第二天起床也可以精神奕奕，继续学习。备考研究生的我今年已经 27 岁了，我必须要保证自己每天有充足的七小时睡眠，高效高质的学习才是打好长期仗的前提。

如今我的一天基本是这样度过的——

早上八点开始就坐在房间的桌前，按照制定好的复习计划，除了早午晚饭和午休的时间（加在一起三个小时）以外，我都雷打不动地坐在桌前专心学习，一直到晚上十一点；接着就是洗澡、休息，然后十二点上床睡觉，第二天早上七点起床复习。

这样的生活充实、简单而且美好。

印象最深的当属今年疫情那段时间，年初 2 月份正值疫情最汹涌的时期，每天早上起床刷新闻，铺天盖地而来的信息让我心绪复杂。说实话，内心也有些慌张，整整一个月我都在努力调整一种"既因为疫情的紧张而慌张，也因为考研的前途未卜而焦虑"的糟糕情绪。

另外一方面，成天坐着学习也让我的身体变得越来越弱，经常感到浑身无力，头也时不时扯着疼，亚健康的滋味真是不好受，于是我下定决心开始跑步，坚持一段时间后身体果然有了明显改变。

一开始是一周跑一次，后来三天跑一次，到现在几乎每天都会小跑一会儿。锻炼的过程中我发现跑步是最能帮助我平复心情的方式——复习遇到难题，我会出门跑步；忍不住胡思乱想的时候，我也会出门跑一跑；有时候是夜晚，夜跑成为我发泄情绪的一种仪式。酣畅淋漓的运动之后，好像一切烦恼都烟消云散，头脑也变得异常清晰，重新找回了对生活的掌控感。

● 专业课从头学起，它认识我，我不认识它

好了，说完体力和精神上遇到的挑战，再来说说专业课的复习。

虽然是本专业考研，但因为脱离书本太久，大学时学过的知识早已被我全部抛在脑后，像高数、投资学、货币金融学等基础内容，都得从头学起。

而我看书做题的速度又很慢，一个月下来，一本高数（上册）我还没有看完。而当我拿起《投资学》那本厚厚的教材时，不禁慌了：整整 28 章的内容，那么多需要背诵的专业名词，全是"它认识我，我已经不再认识它"的状态！我和这些知识点"面面相觑"，复习的时候不得不一边看书，一边上网查找解释。

每天除了看书做题，我还要抽出固定时间上直播网课，听重播的讲座。有时候听得云里雾里，又得自己在课后重新自学一遍，毕竟是隔着屏幕听课，就算有老师的讲解，经常听完还是会有很多困惑，得

依靠自己课后通过各种方式来求助答疑。

而最难的是我的考研目标——我要报考的是北京大学的金融专业，其中的难度可想而知。

当时，我和另外一个报考北大心理学专业的好友探讨过：四年的本科知识只是基础中的基础，而这些基础知识，北大压根不会拿来出题，真正的出题点是对这些知识的运用和实践，这一切的前提是专业基础的知识点必须扎实。

而复习过程中看起来最简单的，才是最要命。对于我来说，第一要命的就是数学，哪怕到了6月份，我还在工程数学、线性代数上面奋战，自己花在数学上的时间最多，因为数学本身就不是我的强项。我计划是在头几个月打好数学基础，到9月份的时候直接上真题，我希望自己数学的部分能够拿到满分。

说完数学，再来说说英语。

英语一直是我的弱项，我的六级属于刚刚"飘过"的水平，而备战考研以后，背"红宝书"则是我英语复习痛苦之旅的开始，接下来还有几乎全部忘光的语法。而最可怕的是那些长难句的分析训练——每一次分析长难句，我都希望身边有一个"机器"能帮我把每一个句子成分精准切分出来，直接摊开放在我面前。我给自己定的英语目标分数是90+，除了数学以外，英语是我第二下苦功夫的科目了。

除了英语，另外一个让我头疼的科目就是政治。

其实最初阶段，不必急于政治复习。怎奈我一向鲜少关注国家大事，对于时政的关注面非常狭窄，再加上大学四年唯一接触过的政治课程只有每个大学生必修的那四门课程，政治课基础知识底子很薄弱。于是我关注了很多考研政治相关的公众号，在休息间隙便点开手机，刷一刷政治基础的导学课程、热点时政，也会翻一翻相关的教材。

总的来说，相比较英语，政治备考对我来说并不算很难，但是在复习政治之后，我才开始反思自己以前的关注面竟然如此局限。

如果有机会，你想给工作以后的考研人提点什么建议？

● 时间管理，效率第一

对于已经工作几年的考研人来说，不论是选择在职备考还是辞职备考，我认为最重要的一点就是提高自己的复习效率。

尤其是在职的考研人士，这一点更是重中之重，因为每天工作的琐事通常就要占据白天大部分的时间，如果下班之后的时间不能高效利用，可能就得考虑一下自己到底是不是真的要考研了。

我的建议是，第一步一定要计划先行。

计划先行，指的就是根据自己的时间，合理规划自己每一天的 24 小时。对于考研人来说，每天 8—10 小时的学习时间是刚需，这也是为什么大部分准备考研的社会人士最后都选择了辞职备考。

考研是一个相当耗费时间的大工程，需要合理的时间规划和正确的方法，才能提高效率。鲁迅先生曾经说过："时间就像海绵里的水，只要愿挤，总还是有的。"

拿我自己举例子吧，在做第一阶段计划表的时候，我采用的是"番茄时间法"——每专注学习 25 分钟，休息 5 分钟，这样保证自己每天都能高效学习 12 个小时；而时间规划表做得越精细越好，就连吃饭、做饭、午休的时间，我也都严格地划定好了。建议每天午睡的时间不要超过 30 分钟，一个是因为白天睡得太多晚上容易睡不着，另一个原因是午睡 30 分钟完全能达到很好的休息效果，超过半小时就有些浪费时间了。

关于时间管理，我的另外一个小建议是，放下手机。

想一想这个场景你是否很熟悉？当你坐在桌前本来打算学习或者工作，但是你习惯性地打开了手机，先刷了刷微信动态，又看了看抖音视频，然后……就没有然后了，因为一上午就这么过去了。

为了解决这个问题，我想在这里推荐一个方法，那就是在应用商店找一款锁屏时间设定软件，目的是把手机"锁"起来，不到规定时间就无法解锁，只能接听电话。在考研期间，手机里所有"次级重要"的事情都要靠边站，不妨提前和你的家人朋友沟通好你要考研的事实，如果他们有什么紧急的事情要找你，建议直接给你打电话。考研期间我就把自己的微信签名改成了：微信不聊天，有事请拨打：XXXXXXXX（我的手机号）。

俗话说得好：不怕事难干，就怕心不专。

对于在职考研人来说，我们学习的时间本就有限，应该全都花在刀刃上，一丝一毫不能浪费。

● 体力不够，锻炼来凑

如果我今年 17 岁，备战高考，我不会说这样的话；如果我今年 21 岁大三，在准备考研，我也不会说这样的话；但是我今年 27 岁，而且我理解社会人士选择考研，许多考生的年龄可能比我还要大。

经历过业务的压力，加班的煎熬，我们的体力都不能再和青春年少时相提并论，这是生物进化的规律和原理，为了保证学习的"精气神"，一方面，最好保证每天至少 7 小时的充足睡眠，否则备考后期如果身体支撑不下去，那就太亏啦；另一方面，运动锻炼是一定要做的，不需要每天安排太多时间，20 分钟到 30 分钟即可。打打球、跑跑步，女孩子做做瑜伽或者跳跳有氧操都是不错的选择，既锻炼了身体，还保持了身材，同时也是减压的极好方式。

总之，压力过大的时候，那就去流汗吧！

● 实在孤独，喝口"小酒"

考研是一场漫长的孤军奋战，备考一段时间以后，经常会在某个夜深人静的夜晚感到一阵深深的孤独袭来，这时候我会喝口小酒，解解疲乏。不过，倒并不一定非要独酌一杯啦，也可以选择其他的放松方式，比如吃着小龙虾喝着冰可乐，我也很喜欢一边吃凤爪一边看球赛。

为什么会推荐吃吃喝喝这种方式呢？

在一本叫《控制情绪的 100 种方法》的书里写到这样一段话——"心理学研究表明，咀嚼食物能够使人减轻 16.5% 的焦虑情绪，提高 18.7% 的警觉度，并减轻 13.3% 的压力感，尤其是工作任务繁重时，减压的效果会更加显著。"

由此可见，当压力过大，产生焦虑孤独情绪的时候，让嘴巴动起来能帮助我们很好地缓解压力，不过要注意适量哦——千万别吃多，变胖事小，损坏了肠胃健康，影响到复习状态那就糟糕啦。

结　语

我听很多人说过，考研就是一场成人版的"高考"，但我却觉得考研比高考难数万倍，尤其是当你工作数年以后重新投入学习战场，对身心精力都是不小的考验。

尤其对于"在职考研人"或者"辞职考研人"来讲，我们的生活已经走到转型期的十字路口，考研意味着一场孤注一掷的"豪赌"，抱着"不成功，便成仁"的决心，我们将所有筹码都压到考研上面来，精神压力难以言喻。

至今，考研之路我也才走过一半，与其说是过来人，不如说仍然是个中途的参与者。不管是走过了这条路的考研人，还是和我一样正在备考的同伴，谨以此文，致敬你我的勇气和坚持。

此刻，窗外已蒙蒙亮，天边泛起一丝黎明的曙光，又是一夜过去了。我相信 27 岁这一年，我的人生定会因考研而改变。

警校学生的二战之旅：
一边站岗，一边忙里偷闲背书的日子

讲述人：王一鸣
2015 级甘肃政法大学公安分院，侦查学专业。

转眼间，新年在一场紧锣密鼓的疫情防控和一桌桌尚有余温的年夜饭中悄然而至，然而我脑海中挥之不去的，却是 12 月份那场现在想来仍然惊心动魄的研究生考试。回想起"二战"伊始，初次来到考研基地，无数"二战"考生的衣角夹杂着陌生的异乡气息从四面八方风尘仆仆地远道而来，一直到如今这场无声大战的悄然落幕。

考研，作为一种记忆的符号，已经铭刻在了每个人学生生涯的旅途中，历久弥新。一路走来，很多曾经的理想和热血渐渐淡去，留下的除了对于结果的一声欢呼外，最为怀念的，反而是一路上的跌跌撞撞。

且愿岁月共回首

写到这儿，往事开始如潮水般涌上心头。"一战"中国人民公安大学，曾经的理想和雄心壮志像划过长夜的流星，然而最终还是变成了人生缝隙中的一粒微尘归于平静。回想起在警院的四年时间，每天被程序化的警务管理所束缚，终日在集合点名和收拾内务间庸庸碌碌地来回穿梭。

很多时候，我知道我是不喜欢这种每天三点一线的乏味，不喜欢这种平静得如一潭死水的大学生活，不喜欢太多明知不可为而为之的拘束。同时，又无比羡慕其他大学那种自由而兼具浪漫气息的氛围和生活。所以我决定去考研，一方面是为了弥补自己本科错失的太多遗憾；另一方面，也想跳出围城去看看外面的世界，因此我将第一次考研的目标定为了中国人民公安大学，并且开始了为期一年的复习。

毫无疑问，整个备考的过程是十分痛苦的。每天早上集合点名后，自己就背着厚厚的法学综合和其他两本专业课教材到教学楼的一个角落去复习。然而最难啃的并不是法学和公安基础理论，而是周三多老师的《管理学》。

管理学与公安学的学习思路可谓相去甚远，复杂的知识点和晦涩的专业名词常常让人感觉痛不欲生。尤其是对于学习的内容无法复述时，心情的低落和对于未来的迷惘时常交织于心间，压力也开始像潮水般奔涌而来，有时甚至会用拳头狠狠地砸上墙壁几拳，或者是去操场上进行一场短促而竭尽全力的百米冲刺。当自己筋疲力尽地倒在草地上时，我望着天空心里想："累吗？累就对了，舒服是留给死人的。"那个时候，我特别喜欢公大官微的短片《你不应该热爱》里的一句台词："你应该一直燃烧，因为没有人强迫你非留下来不可"。我很喜欢这里面蕴含的优胜劣汰的思想。其实有时候想想，生活的本质就是这样：一边失去，一边拥有。在这个年龄段失去了大多数人拥有的安逸，就会在未来收获大多数人难以得到的幸福。

现在想来，第一次考研时最值得怀念的，还是区队间的师生情谊和同窗友谊。我们的择校选择大多起源于警务搏击课的周岩老师。有时候在课堂上除了日常的教学任务外，最有意思的莫过于听他描述过往师兄师姐的一些经历。有的是戍守边疆的红其拉甫边境战士，有的是高分考研"一战"成硕的公大考神，当然也有暂时不如意但是仍然在继续前行的奋斗者。周老师并不会因为我们的专业和所属区队不同而让我们各立门户，反而会让大家紧紧地抱在一起互相取暖、相互提携。

因此我们不同区队之间的研友情谊，也大多起源于在警体馆的日日夜夜，而最让我为之感动的，是大家并不会因为共考一校而互相仇视，反而会因为共同的目标而同仇敌忾、互相鼓励。给我印象最深的是同为侦查区队的璇，有次在一个大雪漫天的冬日，我看到他在走廊里披着执勤大衣瑟瑟发抖，却仍然不停地背诵着知识点。

那时的我突然就被击中了，被他的执着和坚持感动得热泪盈眶。在考前冲刺的日子里，我们备考公大的战友们互相交换着搜集到的考研信息，相约在广场的长廊里背书，累了就互相打气互相鼓励。如果说警校带给我最大的收获是什么，那就是它让我结识了一帮肝胆相照、同甘共苦的兄弟姐妹。

2019 年 12 月 23 日，我考完了最后一门专业课。从考场出来的那一刻，我已经隐隐觉得有些悬。随着近几年考研人数的大幅提升，公大、警大以及刑警学院作为为数不多的公安类考研院校，其独有的公安联考优惠政策成为很多考生趋之若鹜的理由。由于人数的激增，分数水涨船高也成了大势所趋。

所以考完后，除了对于成绩的些许遗憾外，我首先做的一件事情，是结合自己的实际情况对自我进行了回顾与反思。我不停地问自己：考研的目的究竟是什么？是为了那身衣着光鲜的警服吗？还是为了探求知识？如果只是为了从警这个纯粹的理由，为什么不直接参加招警考试而要如此大费周章地去考研？我把这些问题写在一个纸条上放在我的床头，在困顿和迷惘中度过了一周时间。

一周后我想明白了：从我决定考研的那一刻起，我就是为了追求知识而学习，而并不是仅仅以工作为目的。我想要的是对于理论知识的探求而不是一份单纯的工作。然而想明白了这些之后，我又陷入了另一个深深的漩涡中：我要不要再次报考公安大学？一方面，是对于警界最高学府的渴望；然而另一方面，是对于"一战"失利后自我实力的深深怀疑。首鼠两端的矛盾让我变得有些缩手缩脚，时间已经临近五月，然而那时的我仍处于迟疑不决的状态。白天修改毕业论文时会感到焦虑，到了晚上又会因为择校问题而辗转反侧。对于理想的不甘和现实的困顿让我在那段时间里痛苦不堪。

拨开云雾见青山

真正让我下定决心的，是我的一位师兄。在此姑且称他为大黄师兄吧。他的本科专业是治安学专业，后来考取了侦查学专业的硕士学位，研一阶段又通过了司法考试，可以说，他的求学生涯是顺利而充实的。大黄师兄对我说："**其实想要和得到之间有两个字，那就是'做到'**。我们常常会羡慕那些清北复交的优秀学生，然而自己却会因为实力原因而无法望其项背，所以当这种目标是一种可望不可及的状态时，它们存在的意义是给我们提供动力而不是让我们心生虚妄。"

我反问道："如果人人都因为妥协而放弃了追求理想，那理想本身存在的意义是什么？"大黄师兄说："首先我不否认理想对于人成长的重要性，我也敬佩那些通过奋斗改变了自己命运的普通人，但不可否认的是，在生活中一步登天的几率虽然存在但是很小；第二点是我们做一件事情时是有一定的时间成本的，你已经是'二战'了，倘若再次失败是不是意味着可能要再次接受挫败的现实？如果你有足够的毅力和实力，师兄当然赞同和鼓励你的选择，但是师兄想提醒你的是，这世界上还有另外一句话叫'条条大路通罗马'。"

谈话完的那天晚上，我翻着大黄师兄的朋友圈，有些是他去参加侦查学年会时拍下的相片，有些是他去西南政法大学、西北政法大学、刑警学院以及其他警校时拍下的照片。看完后我问了自己三个问题：你热爱侦查学吗？你愿意为中国的侦查事业理论研究贡献自己的智慧吗？你愿意认清自己的不足并实事求是地重新开始吗？

我相信我已经有了选择。尽管那时也充满着对于"一战"成绩的自责和遗憾，但是后来我也开始逐渐明白：人生的道路其实是很漫长的，考研只是人生路上的一盏路灯。这盏灯点亮了，会照亮你未来人生道路上的一段路途，但是这段路并不是全部，你还需要持续不断地去努力点亮更多的路灯。而即使没有点亮，也不能因此而否定了整条路的价值，因为人只有经历过失去，才能对拥有更加珍惜。

明白了这些后，我开始着手准备"二战"考研。这次我决定备战政法类大学的侦查学研究生。再次考研的过程，其实像是一场学习生涯的更迭，每一次的磨合交接，都如同一场激流暗涌的交锋。当准备"二战"考研时，正值毕业前夕，看着学校图书馆里埋头苦读的师弟师妹们，竟然有一种像《血战钢锯岭》中在战场上浴血奋战、出生入死后的战士看着不谙世事就匆忙上阵的美国大兵们的感觉。那种感觉像是经历了最惨烈的优胜劣汰，却有着劫后余生惴惴不安的惶恐，以及对这帮有着初生牛犊不怕虎的昂扬斗志的学弟学妹们的祝愿，让人五味杂陈。

我最后敲定的学校，是大黄师兄所考取的甘肃政法大学公安分院。主要有以下两个方面的考虑：一方面是学校成立时间较早且刚刚建大完毕，法学和公安学交叉结合的学术氛围会很好；另一方面是相比较其他地区而言，地处 B 区分数线控制区域，相对较为容易。同时其缺点也很明显，那就是初试不指定参考书目，不提供历年初试试题。

然而最大的难点在于侦查学专业课，对于侦查学而言，公安部主导的警校类统编教材与政法类大学教材各有千秋。因此我根据大黄师兄的建议，从学校的打印店购买了公安分院李波阳老师编写的侦查学教材，同时结合中国人民公安大学、西南政法大学及中国刑事警察学院的相关教材进行了增补和整合。相对于"一战"而言，专业课由四本变为了五本，难度也变相地提升了一点，然而开弓没有回头箭，从开始"二战"的那一刻起，改变本身即是一种在妥协中调和的反抗。**既然已经决定了脚踏实地地奔向远方，就要明白一路的风雨兼程。**

6月份，我本科毕业了。以前在书里读到："青春是一道明媚的伤口"。当时懵懂，满脑子只有对大学的憧憬和期待，并不解其中意，未曾想四年时光白驹过隙，如今听懂不再是少年。毕业后踏出校门的那一刻，心中竟也会充满着对未来前程未卜的迷惘和恐惧。人永远是一种自我矛盾的生物，对于未来心怀畏惧时战战兢兢、如履薄冰；反而会很怀念大学那段拘束自我、蹒跚学步的岁月。走出校门后，我渐渐懂得我们终究是要学着去长大，学着去面对生活的艰辛与挑战，学着去接纳和融入岁月的风尘。

扬帆起航的"二战"之旅

毕业后，我来到了济南市山大路附近的一个考研基地继续备战考研。这个基地里既包括山东本地的考生，也有来自全国四面八方的考生。

考研群体的流动也如同秋分时节的海潮，不可控制地渗入到中国纵横相错的城市乡村之中。考研基地的一间教室里大约有 40 多名考生，以经济类、金融类以及法硕类为主。我一直认为在家学习并不是一个最理想的复习环境，所以我选择了"二战"生较为密集的考研基地。

当我有些倦怠地抬起头想偷懒时，看到一个个伏在书案上的背影，总会有一种紧迫感油然而生。就像和朋友讲的玩笑话一样：一刹那突然感觉打个哈欠都是在浪费生命，刚握起的手机突然也不香了。一直到六月底，宿舍里的同学才陆续到齐。除了我本科的两位好朋友外，还有一位备考北京航空航天大学的理科兄弟，以及一位备考法硕的哥们儿。在一个烈日炎炎的午后，大家聚了一餐相互认识后，轰轰烈烈的"二战"考研就这样拉开了帷幕。

备考的日子是枯燥而乏味的，然而每个人都在竭尽全力地与苦涩抗衡。我自认为是个比较积极开朗的人，所以常常扮演一个活跃气氛的角色。有时遇上难题，宿舍里的同学们就会齐心协力地解决问题。比如在共同的公共课上，备考北航的刘同学"一战"就因为过分相信面授课程而吃了大亏。

我向他推荐了国内某知名教育机构，并把厚厚的翔实丰富的资料分门别类地给他展示了一下，并结合我个人的四六级备考经历给他阐明了我个人对于网课和面授的一些观点。

除此之外，在政治复习的过程中，由于刘同学和备考法硕的丁同学是理工科出身，所以对于政治的理解并不深入，尤其是马原部分的世界观和方法论，所以我们共同组建了学习互助小组，结合卢欣老师的教案以及高中政治的一些理论方法帮助他们从哲学开始入门；而他们也通过制作高频单词本等方式与我们分享学习。这项工作最后一直持续到了考研的前三天，其实帮助他们学习的过程也是一个自我学习、自我巩固、自我提升的阶段。最后的结果让人欣喜，三人的政治分数分别为 81 分、76 分和 70 分。这从另一个角度也说明了研友的重要性，考研注定不是一场单打独斗的战争。如果一个人过于独来独往，往往会在自己岌岌可危时陷入孤立无援的境地。

在备考过程中，每到周末我也会应朋友邀请去山东大学的中心校区或者洪家楼附近去散散心。在相对封闭的环境中待久了，难免会心生郁结，如何进行合理的减压也是一个重要的方面。每每走在山大的校区中，我总会情不自禁地回想起自己的本科生涯，想起久经警务化管理束缚的日日夜夜。

山大那种自由而美好的学术氛围在潜移默化中深深地感染着我，我注意到这里的每一位同学都会面带着一种自信和温暖，这与集合训练后总是一脸疲惫的我们是不同的。有时候，我也会去对面的电影院看部电影减减压，从新海诚的《天气之子》中理解了帆高不顾一切的决心和勇气；从《哪吒之魔童转世》中感受到了"我命由我不由天"的决绝与奋不顾身。

从电影院里出来时，沿着步行街往教室走，看着赛博朋克般的霓虹灯随着车水马龙流淌在城市九月的晚风中，街头熙熙攘攘的人群映衬着远方忽明忽暗的灯火，有时就会被一种突如其来的孤独感所包围，甚至会觉得自己处在一种"前不见通路，后不见归途"的困境中无法自拔。

然而转念一想，又有多少人的青春是不迷惘的呢？**假如生活给了你抱怨它的勇气和尚且能够改变现状的能力，那说明它还没有对你赶尽杀绝。**时间一天天过去，我们终将会因为自己的努力而变得成熟。

踏上考场的那天，腊月的北风在华北平原上呼啸而过，强劲而寒冷。我回头看着爸爸，他总是很宽厚地笑着，嘴里不停地打趣着。其实我心里知道，他比我要紧张得多，我自认为是个很独立的人，却没想到在这一刻竟对这份陪伴如此难以割舍。我明白当我踏入考场的那一刻，我将独自面对考研这场没有硝烟的战争。那一刻我想起刚步入大学时的家长会上，爸爸在开学典礼上给我戴上警号的那个瞬间，他对我说："人生有晴也有雨，大起大落要靠自己！"我挥手示意他不必相送，望着他渐行渐远的身影，朝他坚定地点点头，然后背起书包走进了考场。

为期两天的考试是漫长的，上午考完政治后，内心并没有什么波澜。可能是前期学习小组的押题十分全面，所以情绪上并没有什么起伏；下午的英语也是按部就班地作答完毕，唯一有点变化的是，考场里开始出现了缺考的现象。然而这对我的情绪并没有产生太大的影响。为了缓解考试的焦虑，每一科考试前我都会嚼上一片口香糖。

结果考试时还出现了一个有趣的小插曲：考完英语后，监考老师笑嘻嘻地对我说："我看你刚才一边嚼着口香糖一边答题真带着股韧劲儿，今年一定旗开得胜！"我有点害羞，连连感谢老师鼓励。第二天的专业课考试依然是相对稳定的发挥，毕竟法学类考试的答题格式相对固定，加上前期背诵的熟练度相对较高，所以也算相对流畅地作答完毕。

然而在考试过程中总有几个考生会在考试结束的前十几分钟提前交卷。我对这种行为一贯是秉持着"进度不和别人比，你快那你了不起"的心态。所以考试的整个过程中一直处于相对冷静的状态，并且坚持补充作答到了收卷铃声响起的最后一刻。其实在交卷的那一瞬间，我已经对自己的作答有了底气。

星光不负赶路人

由于甘肃省的出分日期相对较早，所以在辽宁省的高分频出后，我就一直处在一种惊弓之鸟的状态中。加上 2019 年突如其来的疫情，心情似乎也变得跌宕起伏。查分的前一天晚上，与大黄师兄通了四个小时的电话，大黄师兄给我侃侃而谈中华上下五千年历史，从盘古开天辟地一直讲到新中国红旗漫卷，直到我听得困意十足，他才略显神秘地对我说：其实这是有意帮助我舒缓焦虑情绪，希望我轻松地睡一觉，明天起来一定会收获一个大大的惊喜。

第二天上午九点，我打开了研招网查分系统。我隐隐约约地听到爸爸妈妈很早就已经起床，但是他们没有吵醒我，而是静静地坐在客厅里与我共同接受着出分的煎熬。输入个人信息后，我把鼠标移动到了"分数查询"的选项上，闭上了眼睛，那声清脆的声响让我感觉心脏好像都已经骤停。当我缓缓地睁开眼睛后，我知道我赢了。我战胜了曾经辗转反侧的压力，战胜了毕业后萦绕于心的惆怅和不安，战胜了对于理想的卑微和胆怯。我缓缓走出房间和爸妈相拥而泣，我最终点亮了那盏灯！

现在细细想来，考研是一段道阻且长的旅途，然而光荣在于平淡，艰巨在于漫长。这句话里包含着一种残酷的美好，分数出来后，直至现在，除了一种劫后余生的庆幸外，也时常会对那场惊心动魄的考试心有余悸。我开始觉得，务实化的选择并不是意味着被生活磨平了棱角，而是为了让自己从另一个角度记住自己曾经轰轰烈烈的理想，然后学着向生活放下身段，向学习中琐碎的一地鸡毛俯下头，去热烈而真实地追求梦想。我也依旧坚信，即使换了学校，也终究会有弯道超车的那天。我们把曾经的梦想小心翼翼地保管好，总有一天，它依然会是天空中那颗最为璀璨的星星！

现在的我，虽然没有了日复一日的胆战心惊，没有了一天天睡眼惺忪的早起背书，没有了诸多枯燥乏味但又不得不为的无奈，可是又陷入了对未来人生道路的新一轮规划和反思。

或许正如于宙老师在《我们这一代人的困惑》中说的："人唯有时刻保持清醒，才能看清自己的价值。"考研和生活一样，都是"一山放出一山拦"，尽管岁月漫长，然而却值得等待。考研结束后，注定也是一段曲折而漫长的岁月。春暖花开之际，还是学着慢慢给自己设定一个目标，大到规划未来的人生方向，小到以近半年作为一个阶段，尝试着学习知识来实现自我升华。我后来也开始明白，有时候路走得太顺利也并不一定是件好事。有过一段道阻且长的经历后，才会发现其实人生并不全是激流险滩，更多的是一种细水长流。

谨以此文，致敬考研那段慷慨激昂的岁月，致敬在青春的洪流里高歌前行的你们。唯愿日光倾城，森林葱郁，风从海上来；你我且怀梦想，一路高歌前行；愿每个不舍昼夜的你，都能成就属于自己的传奇！

"三跨考生"的坚定与彷徨：
我的疫情时期备战实录

讲述人：孙　睿

"三跨"考生，疫情时期备战考研。

　　成长就是静待花开的过程，每个人都有不同的花期，不要因为别人已经开花而着急，如果一直没有开花，很可能你是一棵苍天大树。

——本文作者

　　2021 年的考研之路注定不一般，因为疫情原因，各大高校迟迟没有开学。自从决定考研以来，我都是在家中备考，每一天过得平凡而舒适。此时此刻正坐在书桌前，背靠着柔软靠垫，左手边是堆成小山似的复习资料，右边则是刚泡好的热咖啡，以及母亲端来的一盘水果。

　　我的故事要从何说起呢？

　　首先，我是一名"三跨"考生，本科就读审计专业，研究生报考的是教育学专业，所以考研对我来说是一个巨大挑战，那么是什么让自己做出这个决定的呢？这便要从我的大学生活开始说起了。

盲目努力的日子：考证、社团和兼职

曾经听过这样一种说法，人努力的动机不外乎三种：**一种是为了自己，一种是为了别人（爱情或亲情），另一种是为了遵循、顺从世界上的某些规则。**我想很大一部分人都是第三种（不论他们是否自知），包括当初的我自己。

刚迈入大学校园的时候，我的想法很单纯，**因为我是高考的落榜生，所以一定要好好学习，一定要证明自己。**记得大一期末我参加了一次征文比赛，写的文章叫《我要飞得更高》，那篇文章我至今仍保留着，字里行间都是 18 岁那个雄心勃勃的自己。

就这样，我把大学活成了高中的样子——朝九晚五地埋头学习，疯狂奔走在"**考证**"的道路上，每个学期都有新的目标，从最基础的证书开始考起，一个接一个地考，借此让自己保持学习的新鲜感和动力。

有段时间我天天窝在宿舍，连饭菜都是室友从食堂带的，蓬头垢面、通宵达旦地窝在书桌前噼里啪啦敲打着键盘和鼠标，嘴里时不时发出一声声叹息，干嘛呢？我在备考令人头痛的计算机三级证书。揪着几百道题库里面的题反反复复地练啊，每当做题做到头昏眼花的时候我都会站到阳台上远眺一会儿，血红的夕阳下，时不时有几只鸟儿飞过，在空中雀跃着，我是多么羡慕自由飞翔的鸟儿啊！它们可以无拘无束地飞翔，想去哪里就去哪里，看自己想看的风景，如果我也是一只鸟儿该有多好……闹钟响起来的时候，我又一次把自己强行拉回到现实，埋头到题海中。

那时候，我从没有想过：**为什么要考这些证书？将来真会用得到这些花花绿绿的证书吗？**

除了考证之外，大学期间我还疯狂报名了各种各样的社团。都说大学是个万花筒，每个同学都在想方设法地丰富自己的生活，我也被潮水一般的信息给搅得不知所措，希望抓住各种机会交朋友、学知识、锻炼能力。大一社团招新的时候我一口气报了 N 个社团：吉他社、英语社、话剧社、动漫社……每个社团隔三岔五都有活动，还经常"撞车"，自己就跟赶场子似的从一个活动奔赴到下一个活动。一开始次次都去参加，后来越来越力不从心，到大一结束时几乎已经退出所有社团，每个都是浮光掠影，没有担任任何职位，也没有结识到什么朋友。

当然，大学里还有一个证明自己的方式，那就是打工兼职，我也没有"错过"。

不过，出乎意料的是，有一项兼职倒是我坚持最久的。

大一下学期，我找到一份在幼儿机构当老师的工作，主要是周末和孩子们一起做活动，培养他们的表达和协作能力，正是从那个时候起，我喜欢上了当老师的感觉。这份兼职的任务不重，只需要每个周末过去上 2 节课。不知不觉每个周末竟然成为我最期待的时间，面对孩子们扬起的小脸蛋时，我的心里总会涌起一种亲切感。和孩子们待在一起的时间过得飞快，一眨眼一个小时就过去了，再一眨眼一个星期又过去了。这份兼职我一干就是一年多，和自己的校园生活并行不悖，轻轻松松就坚持了下来，直到大三正式准备考研，我才不得已辞掉这份工作。

一晃眼的功夫，大学的一半就过完了，自己在考证、社团和兼职三件事上忙得跟陀螺似的团团转。说忙碌吧？是挺忙碌的。说充实吧？是挺充实的。

但那种忙碌和充实，更像是一种"自动化"的感觉——铆着一股劲狂奔，但跑着跑着就会陷入一种茫然：我是谁？我在哪？我在干什么？

就这样，大三来了，考研也来了。

考研，其实也是自己想也没想就默认决定了的——都说考研是第二次高考嘛，高考既然落榜，本科又不好找工作，当然就考研喽！

但当我真的着手准备考研的时候，两个致命的问题浮出了水面：

我喜欢现在的专业吗？

我未来想要从事什么行业？

思考许久，我才发现自己之前的努力有点盲目了。

努力，只有内化为自身的需求，才是有效的努力；而真正的失败，就是被自己盲目的努力束缚住脚步。

我认认真真设想了一下未来的自己，真想从事财会审计行业吗？一想到未来许多年要面对借贷双方的数字，那些永远算不尽看不完的账，我隐隐感觉到一丝不耐烦，再回顾自己本科期间花费大量精力考的各项证书，要说真正感兴趣的却一个都没有。

可是，我想做什么呢？

一种前所未有的茫然感包围了我。

大三上学期，恰逢备考教师资格证，备考过程中我猛然发现：考了那么多证，没想到这次遇到了自己真真正正感兴趣的一个！备考过程重新唤起了我当老师时的感觉，更见识到了教育学的魅力；教育学书本中有一个个鲜活的人物，当我浏览他们的经历、过往和思想时，就好像在和他们对话；从知识点里我联系到自己这十几年上学时的回忆，还有和孩子们教学相处过程中的点点滴滴，之前从未意识到的问题都能在书里找到解答，经常读着读着就一拍桌子："原来是这样！"

后来，我开始去教育学专业蹭课，课堂上老师的讲解更让我明白：**教育这件事说大不大说小不小，往大了说是让社会进步的力量，往小了说就是一个人的言谈举止。**教育学不是悬在空中的大道理，而是融入在每一个看似微不足道的小细节里。如果全民都能多懂得一点点教育的理念，积少成多，社会终有一天会形成一个"理想国"。

就这样，我心中的理想主义被点燃了，在盲目奔跑了很长一段时间以后，这次我决定倾听内心的声音，报考教育学的研究生。

"三跨"考生的彷徨与坚定：从文学中找回力量

考研犹如一场修行，一路会经历各种跌宕起伏，也会遇到种种"魔怪"，而我遭到的第一个障碍，不是物质上的困难，也不是学习环境外的困难，而是心魔。

抱着对教育学的一腔热血，我兴致勃勃地在网上查起资料来，可查得越多，心就越凉，当我看到心仪大学的历年招生情况时，只觉得：难！难于上青天啊——

首先，招生的名额不仅少，而且保研名额就占到一半；

其次，作为一个三跨考生，我的专业基础实在薄弱；

再次，看看我的本科学校，毫无优势，历年考上研究生的前辈寥寥无几，就算有也是冷门专业，要找到跨考教育学的学长学姐求助，更是难上加难；

最后，看看四周的人，宿舍里的小伙伴考研纷纷选择报考本专业，只有我像"独行侠"一般逆潮流而动，大家都往南走我偏要往北走……

总之，仗还没开始打，已然四面楚歌，严峻的形势大大挫败了我的自信，我开始怀疑自己跨专业是不是在自讨苦吃？内心的豪言壮志一点一点消退，退却的浪头一波又一波汹涌袭来。

考研刚开始我就给了自己过大的精神压力，渐渐地我开始失眠，晚上通宵通宵睡不着，白天眼睛发肿。几天以后，我的一只眼睛肿到睁不开，并伴随着阵阵疼痛，父母急忙将我送进医院急诊，医生检查一番以后，惊异地对我说："孩子，你这是心里有什么大事啊？心急上火到这种程度！"

听上去很可笑吧？还没正式复习呢，我已经把自己折腾坏了。我想，这种苦可能只有相似性格的人才能理解，从小到大我就内心过于敏感，容易激动，也容易忧虑。在家休息的那段时间里，我偶然间摸到了一本书，是路遥的《早晨从中午开始》，这本书记录下了路遥先生创作《平凡的世界》这部长篇巨著时的心路历程。

《平凡的世界》是我非常喜欢的一本书，当我读到《早晨从中午开始》的时候，我才知道原来路遥的创作也不是一帆风顺、一气呵成，他也曾对自己写的《平凡的世界》忧虑重重，也在万般担心自己的努力会不会付诸东流，就像现在的我一样。

这本书仿佛一盏明灯，点亮了自己脚下的路。路遥在书里写道："**你别无选择——正如一个农民春种夏耘，到头一场灾害颗粒无收，他也不会为此而将劳动永远束之高阁，他第二年仍然会心平气静去春种夏耘而不管秋天的收成如何。**"

这句话恰到好处地点醒了我，它告诉我不要惧怕将来，只管做好现在，而焦虑只会让人止步不前，只会缩短你努力的时间。**如果说考研是建一座高楼，那么心态就是地基，只有心态端正了平稳了，楼才能屹立不倒。**

再说，人生百年，而备考不过区区一年，也就是说一百分之一的精力、一百分之一的时间，如果连这一点时间都坚持不下来，谈何梦想，谈何未来呢？就算未来是最坏的结果，我也愿意"尽吾志也而不能至者，**可以无悔矣**"！

就这样，借助路遥先生的创作历程，我给自己做了一次彻彻底底的心理疏通，总算击退了考研路上的第一只拦路虎。

疫情期间备考实录：在家"降魔"

击退了第一重障碍"心魔"，很快，第二重障碍又来了——"懒魔"。

2021 年的考研注定是一段孤独的旅程，不能在学校自习室和图书馆里备考，就意味着没有浓烈的学习氛围带动，一切只能靠自律。我一开始就有些忐忑，因为几乎所有经验分享帖都会写一句话"最好不要在家复习！"，这句话就像心理暗示似的让我感到隐隐不安，果不其然，在家复习的一开始就困难重重。

我的卧室很小，从桌子往旁边走几步就到了床，经常翻书没几页就想到床上躺一会儿。一躺，又想拿起手机，一刷，完蛋，大半个上午就过去了。疫情期间在家复习，身边没有研友，周末也没有任何社交，唯一的休息就是每天在卧室里面练习半小时的瑜伽，连下楼都很少。密集的空间、单调的生活让我的注意力变得特别难集中，看书的时候思绪经常会被别的东西转移，做几道题便起身溜达一圈喝口水、吃点东西、上个厕所、洗个手或者到客厅和父母说几句话，一天的时间被切得七零八碎。

此外，在家备考还会遇到一些其他"魔怪"，比如来自亲戚的舆论压力。

疫情期间，亲戚们都宅在家里，时不时就打电话和微信问候，一听我在家看书准备考研，于是经常打听我的复习情况，问我想考哪里呀？复习得如何呀？又给我提各种各样的建议，尤其他们一听说我要报考的大学，纷纷露出"啊！这难度太大了吧"的反应，劝我不如脚踏实地一些，考个本地本专业的大学比较稳妥。

一开始，我也会争辩几句，性子急起来的时候还会怼回去。很快我发现自己这样做会让父母陷入难堪，于是干脆将自己封闭起来，这些对话基本不参与，也和父母沟通好了，让他们在电话里尽量少提我考研的事情，而来自亲戚的问询，父母也不会再二次传达给我。

总而言之，疫情期间在家复习真是不容易。中间我经历过好几次情绪崩溃，戴着口罩冲出楼下转一圈，结果到处都没有人，外面根本待不住，没办法只能硬着头皮回家继续看书。最终摸索出一套在家复习的心得，这里也想分享给大家：

1. 让学习环境变简洁

在家复习常见的烦恼之一来自父母关心的小举动，比如送送水果啦、进屋帮你收拾房间啦、喊你休息一下等，虽然是关心，但也会打乱你复习的节奏。

我的建议是和家人提前沟通好。拿我自己来说，我会将作息表抄写两份，一份贴在书桌前，另一份贴在卧室朝外的门上，这样父母就能知道我的复习节奏，知道什么时间进屋打扫卫生、给我送水果，也知道什么时段要把电视机声音调小等。

其次，我觉得很重要的一点是清空书桌，把和考研无关的东西统统撤走。保持桌面乃至整个卧室的干净整齐，一是心理上会让人觉得更加澄澈，二是能让你找东西更加方便，减少很多障碍，比如忽然想看一下教育学的某个知识点，伸手就能拿到书，而不是要站起来掀开一堆复习资料才能找到，整个学习的节奏就会非常顺畅。

在和"懒魔"做斗争的过程中，我发现了一个规律，那就是**所谓"高效率"，就是让自己学会每一件事都能一次性一口气做完。只要养成这种习惯，一整天的学习节奏都能提起来。**

如今的生活中，最容易打乱我们完成一件事情的东西就是手机，我想你经常会有这样的体验：本来想做一件什么事，打开手机刷了会儿，然后就不记得刚才要做什么了。**可以说，手机是吸收当代人注意力的巨大黑洞。**所以在家的时候，我直接将手机放到客厅，只有固定时间才去看一眼，有人打电话就让我的父母代接。

2. 保持精神斗志

说完了复习环境，再来说说精神斗志。

同样是我的切身体验，在家学习想要进入状态，仪式感特别重要。比如不要穿睡衣学习，睡衣会给人带来一种舒适慵懒的感觉，整个人都是松松垮垮的，可能学着学着就到床上躺下了。我的做法是，每天起床先去洗手间冲个澡，洗漱完毕换上外出的衣服，比如衬衫＋牛仔裤，给自己沏一杯咖啡，然后走到书桌前，营造出一种在图书馆或者教室学习的感觉，让自己的神经适度紧张起来。

另外一个保持斗志的办法是在线上寻找研友——疫情期间虽然不能出门，但可以寻找"云研友"呀。我就从朋友圈里联合了几个志同道合的研友，组成了一个学习小组，每天早晚报告自己的学习计划和成果，相互激励和提醒。

最后，说说目前我的复习情况吧。

复习节奏上，我一直信奉着考研学习要**前松后紧**的观点。前面一个复习阶段培养自己对于专业课的兴趣，充分理解好每一个知识点，把每一个理论的背景、内容、影响以及相似知识点的关联都吃透，全面把握知识的框架，这样到后面强化冲刺的阶段才会游刃有余，不至于因为基础不牢固而丢三落四。

对我而言，虽然有六本厚厚的参考书需要啃，但读起来并没有感到枯燥乏味，反而觉得津津有味。一边读一边整理知识框架，顺便把重要的知识点提取出来，为下个阶段的冲刺做好准备，可以说整个复习过程还是比较愉悦的，而这种状态也充分印证了"兴趣是最好的老师"这句话。

口罩仍未摘下，但气温已经渐渐升起来，眼看第一轮复习即将结束，倒计时牌上的数字一天一天减小，心中又渐渐绷起了紧张感，上个星期，我对学习计划做了调整，决定开启新一轮的复习节奏——

7:30—8:30　　　起床洗漱，10 分钟瑜伽伸展，洗澡吃饭，坐到书桌前；

8:30—9:30　　　背单词 + 复习英语真题中的生词以及长难句部分；

9:30—12:00　　复习教育学专业课；

12:00—13:00　　吃饭 + 看资讯（政治热点新闻）+ 午休（20—30 分钟）；

13:00—15:00　　政治背诵 + 做练习；

15:00—18:30　　英语阅读练习 + 错题整理；

18:30—19:30　　吃饭 + 和家人聊天沟通；

19:30—22:30　　　复习教育学专业课；

22:30—23:30　　　洗漱，听音乐，刷手机资讯，捋一下明天的学习计划。

疫情过后，两极分化开始

我想，眼下日子就得一直如此持续下去了。学累了，就到阳台上往远处眺望，黄昏的鸟儿依旧在飞来飞去，仿佛并不知道全世界正被如此恼人的病毒侵袭着，也不知道人类的困境和孤独，或许它们只是感到欣喜：为什么街道和楼房忽然如此安静和宽阔了！

我想，自己或许永远不可能像鸟儿那样活得随性，我们能掌控的，与其说是肉身的自由，不如说是内心的自由。于我而言，现在的自由便是在枯燥的生活中寻一刻悠闲的时光——饭桌上和父母吃饭聊聊天；站在阳台上看云卷云舒；闭上眼睛倾听树叶在风里互相拍打的声音，感受着微风拂面带来的舒畅……这些短暂而自在的时光就足以将我一整天的压力全部释放。

一日复一日的重复之中，父母见证着我每一个早起和晚睡，见证着我的每一次失落和欣喜，陪着我一起经受情绪的波动，到现在他们看我的眼神也不一样了，里面不仅有支持，更有坚信——**他们也坚信**

我一定可以考上。

我相信，当疫情缓解过来的时候，也到了考研的两极分化期，有人会选择退出，有人则选择加把劲继续狂奔，那时候每个人都要从自己的黑屋子里走出来，拿出手中的那件暗中搓洗许久的衣服。

到这里，我的故事也写得差不多了。作为一个仍在途中的考研人，我没有什么资格抒发过多的感慨，只想送出一首我很喜欢的陈奕迅的歌——《葡萄成熟时》。我相信，那些熬过去的人，他们曾经埋下的种子终将结出果实，吐露芬芳。

> 差不多冬至一早一晚还是有雨，当初的坚持现已令你很怀疑
> 很怀疑你最尾等到只有这枯枝，苦恋几多次悉心栽种全力灌注
> 所得竟不如别个后辈收成时，这一次你真的很介意
> 但见旁人谈情何引诱，问到何时葡萄先熟透
> 你要静候再静候就算失收始终要守，日后尽量别教今天的泪白流
> 留低击伤你的石头从错误里吸收，也许丰收月份尚未到你也得接受。

谨以此文，献给2021年考研的所有人，也献给所有正为考研而努力的人。

时光荏苒，初心莫负。

一名护理专业女生的考研之路：
我的故事里满满都是爱

讲述人：珏　妃
本科护理专业，二战备考生。

当"考虫"的编辑姐姐联系到我，希望我能写一篇考研的心路历程时，我欣然答应了，可转念一想又觉得有些"惭愧"，因为我并不觉得自己的考研之路有多么坎坷，多么了不起呀。从"一战"的失败到"二战"的再接再厉，其实一路走来，自己真的挺平凡。要说其中有什么闪光点的话，不是我，而是一路上陪伴我、关爱我的家人和朋友们。

我相信考研之路的色彩千千万，有汗水、泪水、悔恨和磨砺，但我却认为自己的考研故事属于温柔的暖色调，回忆起来都是满满的爱。

如果说我的考研故事能对大家提供什么帮助，我希望它能为你在考研路途中带来一丝快乐和温暖。

当我想要好好努力时，却已落榜

据说，考研过程中的考生分为三类：

1. 先知先觉型；

2. 不知不觉型；

3. 后知后觉型。

毋庸置疑，我属于第三种：后知后觉型。

说起我去年第一次考研的初衷，很简单，因为妈妈建议我考研。

怎么样？听上去很没有自我吧？

这就是我，嘿嘿，一个没有什么野心的女孩。我出生于一个小康之家，上头有个姐姐，作为家中的幺妹，我一直被保护得很好，从小到大几乎什么活都不用干。如果你看过动画片《樱桃小丸子》就能明白，我的生活和小丸子差不多，偶尔有些小烦恼，但大部分时间都过得简简单单快快乐乐。

高中毕业时，我根据自己的成绩选择了就读医务护理专业，虽然没有什么光环（不是医生），但也不会太辛苦，用家里人的话来说就是"挺适合女孩子的"。上大学以后，我早早就为自己的人生打好如意算盘——如果一切顺利，毕业我会进入一家大型医院工作，规规矩矩做几年护理工作，等存够积蓄辞职，在老家开一家小店，过着有爱人、有小店、有猫有狗陪伴的人生。

这就是我的理想生活。

但是，去年7月中旬左右，姐姐忽然打电话问我："幺妹，毕业有什么打算呀？"

"有呀！"我美滋滋回答说，"好歹也是本科护理专业，毕业去一家三甲医院还是没那么难吧？"电话里，我把前面说到的人生规划对姐姐倾吐了一番。

"这就是你对未来的打算？"姐姐愣了一会儿，问。

我有些警觉地反问："对呀，怎么了？我觉得挺好。"

"你，没有想过考研吗？"姐姐问。

"考研？"这下轮到我愣住了，"没有想过欸……我一个护理专业的考什么研究生啊？"

姐姐听后没有再反驳什么，只是语气平缓地说了一句："可是妈妈很希望你考研。"

说实话，我不知道怎么去形容那一刻的感觉，有点惊讶，更多是疑惑，一直以来我都没有意识到妈妈原来这么关注我的学习，因为她平时看上去很少管我，从姐姐口里转述出她的想法让我有些震惊。

"要不，你回家跟妈妈好好聊一聊你对未来的打算吧。"姐姐在电话里建议我。

那次回到家以后，我和妈妈长谈了一次。几乎没费力气，妈妈的建议就被我欣然采纳，既然家人建议我考研，那就考呗，反正我的心里抱着这样一个侥幸的想法：万一考不上就去工作好了，考研，权当多给自己一个机会嘛。

就这样，我跌跌撞撞踏上了 2020 年的考研旅途。

因为没有坚定的信念，也没有付出足够多的努力，这次的考研结果可想而知：初试我就落榜了。你可能要说，反正没抱希望，失败也无所谓吧？**但奇怪的是，考研落榜以后，我却感到一丝长长的隐痛和懊悔，心中好像有什么东西生根发芽了似的。**

毕竟准备了大半年的时间，在备考的日日夜夜里，我竟然不知不觉爱上了自己就读的护理专业。我知道很多人学习护理是因为调剂，但护理却是我当初的第一志愿，心中对此是有好感的。在大学几年，听到过很多所谓的"护理无用论""护理地位低下"之类的评论，也渐渐嫌弃起这个专业来。但是在准备考研的过程中，在不得不背诵、搜集大量书籍资料、临床案例的过程中，我开始重新思考这个专业。

人就是这样，当你所学的东西越多，就越能发现自己的浅薄和骄傲。是考研，悄悄给了我一双智性的眼睛。于是，讽刺的事情发生了——考研落榜以后，我发现自己是真的想要继续求学，希望将来能够去到更高平台，去了解国内外高层次水平的护理是什么样的，也希望未来能参与到我国护理人员待遇和地位等多方面的改进队伍中。

但为时已晚。

人们都说：**人要等到失去后才懂得珍惜。**

考研失败，我突然发现梦想和远景都将永远离我而去，心竟然慌了起来。好吧，我承认我不够成熟，这时我想到了妈妈。回到家，我坦诚地告诉了家人自己的初试成绩，并忐忑地向他们征求意见："你们是希望我再考一次还是直接工作呢？"

妈妈听到以后，猛然坐直身子，问："幺妹，你要听真话吗？"

我笑着说："当然了，妈妈。"

妈妈说："我当然希望你再考一次，不过妈妈希望你这一次能够全身心地备战，不要再想其他的了……"

听到这，我脸"唰"地一下红了，没多说什么，只是用力点头。

从小到大，妈妈对姐姐的功课管得很严厉，但对我却很宽厚，连重话都很少讲，以致于姐姐老是开玩笑说"我怀疑你才是爹妈亲生的，我是捡来的！"就算进入现在考研"二战"阶段，妈妈也从来没有给过我任何压力，不管是言语上或是精神上，相反，她帮我抵挡住了很多来自亲戚的质疑，帮我打造出一个适宜的备考环境，用简单又周到的方式默默守护着我。

2021年的考研旅途，我再也不会心不在焉了。

家人篇：给我豪华级别的考研待遇

从决定考研到现在，家人始终是自己最坚强的后盾。

"一战"的时候，我选择在家备考，现在回想起来简直过着像公主一般的生活——

比如，在吃的方面，民间有句俗语说："早餐要吃得像皇帝，午餐吃得像平民，晚餐吃得像乞丐。"早餐在一日三餐中的地位颇高，但自从长大以后，记忆里很多年我们家每天的早餐都是各自解决，基本上是饼干配牛奶随便对付，有什么吃什么，很少有人会专门做一顿早餐。不过，在家备考的那段时间，我破天荒地每天享受到爸爸妈妈专门准备的爱心早餐，仿佛又回到小时候。早晨6点半起床，洗漱完毕，我开始坐在书桌前看书，不一会儿爸爸就会悄悄走过来说："宝儿，早上想吃什么？煮碗糖水鸡蛋还是皮蛋瘦肉粥？"这时我会调皮地说："爸爸，我想吃面条！"

"好嘞，给我家宝儿煮碗面条去喽！"接到"指令"以后，爸爸便兴冲冲地去厨房给我准备面条了。

而妈妈一般早上5点半就会起床跑步，大约7点左右到家，气喘吁吁地，第一件事便是呼唤我："宝儿过来，妈妈跑完步回来看到街上有卖肠粉的，我想着你不是最喜欢吃这些东西吗？所以给你买了一碗回来，特地加了辣椒，赶紧趁热吃。"

所以，我的早餐经常是一餐两顿，吃完爸爸的又吃妈妈的。我有时候想：我这考研小日子也太舒心，不太好吧？纵观周围研友们的生活，只有自己过得这么美滋滋又心安理得。

作为幺妹，除了爸爸妈妈的关怀以外，自然少不了姐姐的照顾。

姐姐只比我大几岁，却比我懂事能干很多。小时候爸爸妈妈工作忙，姐姐便承担起照顾我的责任，而我也习惯了一遇到问题就向姐姐求助，有心事也第一时间和姐姐说，姐姐简直就像我的"小妈妈"一般。在姐姐眼里，不管我多大，始终是那个她庇护下的小幺妹。

去年考研之前，在深圳实习的姐姐给我订了一间2个晚上600多元的酒店（相对于她的实习工资来说这价格算很贵了），只为了让我住得舒服。订完房后我第一反应就是打电话："姐，订这么贵的房干嘛？我花在住宿上的预算可没那么多！"姐姐笑着说："还预算呢？又没让你出，我自己花钱给你预订还不行吗？就想你住好一点，毕竟你一个小女孩去考试，也没熟人，住得舒服一点能休息更好，这样考试也能放轻松一点。"

好吧，虽然我和姐姐在生活里有时也吵吵闹闹，但这时候我只觉得：有个姐姐真好啊！

看到很多考研经验帖，都说不要在家复习，条件太舒适容易丧失斗志，但我却觉得：斗志这种东西，本来就是自己给的，家人关心你、为你提供舒适的环境，这份爱应该激发出更多斗志才对呀，才不是考研的阻力咧！

朋友篇：在精神病区认识的研友

"在精神病区认识的研友？！"可别被这个小标题给吓到，我的这位研友叫小余，我俩是在一家医院的精神病区认识的，不过小余不是精神病人，和我一样，她也是在这里实习的护理专业学生。

去年11月初，我和小余相识于一家精神专科医院，我们实习的楼层属于男病人区，整体的环境都极为封闭。每天到达科室后，先要按门铃，老师确认你是实习同学后才会放你进来，其他人都不能随便进入。此后除非有老师带领或外出吃午饭，一般情况下，一天都将待着这一层楼里。

在精神专科医院男病区实习的好处有很多，最大的特点就是"闲"。

为什么"闲"呢？倒不是工作多轻松，其实老师们的工作很繁杂，但对我们这些实习的女孩子来说却清闲，很大程度上是由于实习老师不放心，怕我们受到伤害，毕竟这里身强体壮的男病人太多。

于是，在这种既封闭又闲适的环境下，我和小余便熟悉起来了。那段特殊的实习时光里，还是有很多有趣的事情的。

实习的时候，我和小余除了要练习必考的护理项目之外，在医院干得最多的一件事就是翻看患者的病史，一是为了完成实习作业；二是因为这些病史确实有意思。之前都在综合性医院实习，看到的病例大多是正儿八经的，精神专科医院则不一样，患者的病史的记录格外不同，每翻看一份病例都仿佛在读故事一般，让我在故事中思考，也在故事中获得了很多关于护理的启发。看完病例后，老师有时候会把我们"放"入病区，让我们跟病人面对面交流，了解精神病人的内心世界是什么样的（病区和医护人员工作的地方是分开的，中间有一扇门相隔）。

正是在实习过程中，我感受到了小余的善良和耐心。小余的记忆力很好，她几乎记住了大半个病区病人的名字以及他们所患的疾病，而且能跟病人聊得来。在她的带领下，渐渐地，我也能放开心胸以更加平和的心态去跟病人交谈，对于精神病理的认识也更加深刻了。

深入接触后，我才发现小余和我一样都准备考研，而且我们俩就读的学校竟然是挨着的。更巧的是，我和小余都是各自宿舍里唯一的考研人，都没有结伴考试的好友，于是两人一拍即合，组成学习小组，成为了彼此唯一的"研友"。

后来，结束这里的实习，我又马不停蹄地被安排到社区实习，虽然分开了，但我和小余一直保持着对彼此的关心。社区实习比之前忙碌很多，而考研本身又是一件高压力的事情，所以每天我实习回来只想"葛优躺"，要坐到书桌跟前静下心来看1小时书都很困难。有时候好不容易坐下来看书，手头又来一些急事需要处理,让我补充各种材料,所以我的考研状态非常糟糕。奇妙的是，好几次在这种黑暗时刻，我都会正好收到小余的微信，问："状态还行？"真的心有灵犀似的，接着我便会给她打一个长长的视频电话。

我记得很清楚，有一次我特别累，自暴自弃地说："完蛋，我这种状态肯定完蛋，还考什么啊？我不想考了。"

你猜她怎么着？

她干脆每天晚上跟我开视频直播，监督彼此学习，她在电脑的那一头，我在电脑的这一头，各看各的书。有时候我困了累了，抬头看看她还在埋头学习，心情也会为之一振，洗把脸回来继续啃书。

就这样，慢慢地我从每天1小时的学习时间，增加到到后来的3小时、4小时、5小时……实习期间最忙的时候，我也能保持每天学习不少于4小时，那段时间我几乎戒掉了所有的外界诱惑（我的自我控制力比较薄弱），像是追剧、追八卦、看抖音、逛淘宝……心态上更是达到前所未有的平稳状态。

我从来没有刻意去寻找研友，却有幸遇到了一位如此真诚的挚友，对此，我的好友敏敏调侃我说："厉害呀！你这运气，连实习都能找到一起考研的伴！"

说到敏敏，她是我生活里另外一个重要的朋友。很多人说，大学室友只会是室友，很难成为好朋友。这个说法，我可不认同。毫不夸张地说，敏敏既是我的室友，也是我最好的朋友，在她面前，我能做最真实的自己，而考研路上我最想感谢的朋友也是她。

去年 11 月初，我开始了在社区医院的实习，护理工作非常忙碌，但好在社区医院离学校宿舍很近，中午有两个半小时休息时间，我往往就抓紧这两个半小时拼了命复习。这段时间一直是敏敏给我做午饭，每天都是"你去房间看书吧，我煮好了叫你！""这是下一周的菜单，你觉得怎么样呀？""吃饭！别趁吃饭时间看电视，赶紧吃，吃完休息看书去！"直到我回家复习之前的整整一个月，都是敏敏在照顾我，她不仅包揽了煮饭的任务，甚至还扮演着"妈妈"的角色。

有一个画面我永远记得，那是一个初冬的夜晚，寒潮来袭，北风呼啸，我早早就爬上床，本来是要窝在被窝里背书的，但计划总赶不上困意。寒冷的冬夜，缩在温暖的棉被，背后再垫一个软乎乎的靠枕……我很快就昏睡在床上。半睡半醒间，我感受到敏敏在帮我脱眼镜，帮我把书拿到桌上，顺便把掉到地板上的被子捡起来盖在我身上，嘴里还不停念叨着些什么"哎呀，怎么这样就睡过去了"之类的话，朦朦胧胧我感觉又回到妈妈照顾我的小时候。

当时我很想表达感谢，但又不想出声打破这个温暖瞬间，恰好困意再度来袭，于是也没再多想，便又倒下去睡着了。

或许，在别人眼中这都是一些很小很琐碎的事情，对我来说却有着不一样的意义。

从小到大，身边朋友们对我的评价一直都是"温和""好相处""乖崽崽"，但只有自己知道我其实很少能交到真朋友。我甚至一度认为自己是个感情淡漠的人，同龄人开心的时候每每都会拉住别人分享，有朋友生个小病也会一直嘘寒问暖，我却很少这样做，我不善于照顾别人，也不擅长表达自己的情感，但小余和敏敏的存在，让我深深感到：活在这个世界上，能被人爱着是一件多么幸运的事情！

自我篇："二战"最重要的是保持士气！

如果说"一战"是因为家人的建议，那么"二战"便是我发乎本心的决定。

不过，说到"二战"，再加上在家复习，很多人都会皱起眉摇摇头。不信打开百度搜索"考研二战"，下面会出现一堆关联搜索词比如"考研二战在家好痛苦"，会搜到很多糟心的经历，比如心态崩塌，和家人沟通出现不可协调的矛盾等，幸运的是我没有这样的问题，我的家人非常支持我考研。

但我也有自己的压力，复习期间我特别害怕爸爸妈妈和他们的同事、朋友们聊起自家孩子，因为我着实不争气，那些叔叔阿姨家的孩子们要么已经顺利读研，要么已经参加工作，而我毕业以后却奔着一个未知的目标依然在家"啃老"。

不过，或许是因为从小在充满爱的环境里长大，我骨子里倒是挺乐观的。到现在为止，我认为在家"二战"还是有一定优势的。很明显的一点是和应届考研生相比，我们已经多复习一年了呀，再拿起书本的时候也会更有侧重点；第二是复习时间相对充裕，在家里衣食住行都不需要操心，只管好好看书，大把时间从缝隙里挤出来，积少成多。要说在家复习的缺点嘛，主要是身心压力更大，就像赌博一样，多复习一年筹码也多压了一倍，精神负担可想而知。

利弊这么一分析，你有没有发现，对于咱们这个群体（在家复习+"二战"），我们不缺学习基础，不缺时间，复习内容本身不是决定生死的要素，最重要的其实是那一股子士气，那种相信自己一定能赢的强大的心理暗示，并将这股力量化到每一天的学习中。

卡耐基在《人性的弱点》这本书里说："**大部分人心甘情愿为昨天和明天的果酱犯愁，却从来不愿为今天马上要吃的面包涂上一层厚厚的果酱。**"我则相反，我选择不为过去悔恨，不为将来担忧，我只想为今天的面包涂上一层厚厚的果酱——**做好今日事，不忧明日愁。**

每天，我会将自己的学习内容安排得妥妥当当，并一一落实，再让自己美美地睡个好觉。我始终觉得，良好的作息时间是学习事半功倍的重要法宝，每天我的复习时间是 9 个小时左右。我试过，超过这个限度我的复习效果就会直线下降。

此外，每天我都会挤出时间用来听音乐和闭目养神。我发现大脑和人的身体一样，也需要定期补充营养，每学习约 50 分钟左右大脑就需要中场休息 5 分钟，最好做一些与学习无关的事情，但又不能太松懈，否则就很难再进入状态，于是我选择收听一小段古典音乐。古典音乐里面的节拍能让大脑得到很好的休息，又不会使人过于松懈。每一天学习任务完成之后，爸爸妈妈还会轮番给我熬各种健脑的汤羹作为夜宵，比如豆类、海鱼、黄花菜、胡萝卜、海带汤等，及时给大脑补充营养。

前不久，我和大学辅导员在微信上聊天，聊到考研近况，对方问我："你确定这次能百分百考上？万一考不上的话岂不是浪费一年？"如果是过去看这个消息，我的内心一定翻腾倒海，甚至气愤，恨不得上去争辩几句，但现在我只是在对话框中缓缓输入一串文字：

"不会啊，就是想尽全力再试一次而已。如果尽力了也没考上，最坏结果就是失去了应届生的优势嘛。人生路很长，不管是什么结果我都会勇敢面对，好好生活的。"

看到这段回复，辅导员倒是吃了一惊，给我发来一个竖起大拇指的表情，说，"一年没见，你还挺通透的了嘛！"

其实，我并没有通透，也不是少年老成，我只是个简简单单的人。之所以能说出这样的话，我想是因为自己生活里有很多爱，我的家人，我的朋友，他们给了我勇往直前的动力，也给了我面对失败的勇气。**爱会让人变得自信、柔软、不带戾气。**怀着朴素的心愿，希望这篇文章也能为你的考研之路增添一抹暖色，在追梦的路上，你不孤单。

宝妈考研日记:
我是如何一边带娃,一边备"二战"?

讲述人:冷玛葵
"二战"考研备考中,2岁孩子的妈妈。

> 我希望,在未来能够成为女儿的榜样,让她知道自己有一个不曾放弃自我、不曾放弃奋斗的妈妈。
>
> ——本文作者

最近,与朋友聊天的一个夜晚,我再一次受到灵魂的拷问:

"你都有娃有家的人了,何必还搞得这么辛苦考研啊?"

自从一年多前准备考研起,已经有太多人告诉我:"你这个年纪了,家里条件也不错,还折腾什么?安安静静地生娃、养娃,等孩子大了再找份轻松的工作,多好!"或许,这是一条安宁的道路,但不是我想走的路。在育儿上,我希望自己能够做到高质量陪伴;在考研上,我希望自己能够做到高质量复习;在人生中,我希望自己始终是一名坚定的终身学习者;在未来,我希望成为女儿的榜样,让她知道自己有一个不曾放弃自我、不曾放弃奋斗的妈妈,这才是我想要的。

每当这时候,我都会想起一段往事。

当我还是个小女孩的时候,在高一语文公开课上,实习老师让我们读一段自己最喜欢的句子,并说明理由。当时我高高举起手,读出了喜欢的句子，当老师问："你为什么喜欢这句话呀？"我却没有说出真诚的理由，而是不屑地说："喜欢就是喜欢，没有理由。"当时我不知道自己"酷酷"的回答打乱了年轻实习老师的讲课节奏，让她慌了神。很多年过去，每当回想起这次"教学事故"时，我都有些懊恼，为自己的不懂事感到抱歉。

可是如今，当面对无数次质询"你都有娃了，为什么还考研？"的时候，我的心中却再次冒出了这个回答——

"不为什么，喜欢就是喜欢，我就是喜欢自己一直奋斗的感觉。"

难道这样的理由还不充分吗？

对我而言，考研就是一根刺，只要没有成功，这根刺就会一直在我心里。只是这根刺真不好拔，我花了整整两年时间，"一战"失败，"二战"再来，至今仍旧奋战在这条路上。

我，失败了

2019 年 12 月 23 日　阴

完了，我完了。

昨天，最后一门专业课终于考完，双脚迈出考场的时候整个人已经累到不想多说一个字，坐在行驶的车厢里发愣，不知不觉坐过了站。

不敢相信一切结束了，奋斗了整整 8 个月的考研竟然结束了。

考研，是 2019 年五月中旬下的决定，当时几乎没有任何犹豫，只是想要继续提升自己，趁热打铁地买书、报名，然后便开始了充实而忙碌的备考生涯。因为女儿还小，我没有办法去上辅导班，加上日常家里的家务繁杂，实在没有太多时间学习，大部分时候只能等到晚上把宝宝哄睡后自己在书房挑灯夜读。

2019 年过去的八个月里，我愁过、哭过、奋战过、疲惫过、辗转反侧过、脑袋空白过，我看过凌晨两点的月亮，见过早上四五点的微光，站着也能睡着过，闭上眼就不愿睁开过，焦虑却无处释怀，崩溃却无法诉说……

一开始，我一天只能学两小时，甚至更少，忙完家事以后总是很困，坚持不了多久眼睛就睁不开了。为了解决这个问题，我在网上买了两大盒速溶咖啡，每天晚上泡一袋特浓咖啡。渐渐地，就可以撑到每天晚上看两个小时书，但两个小时也杯水车薪，只够我整理和背诵两道专业大题，毕竟年纪大了，记忆力变得比以前要差。到 7 月中旬，我慢慢能熬到晚上 12 点半左右，日子再往后，能熬过凌晨 1 点了，但这个时候，一杯咖啡已经不够了，于是改成每天两杯。就这样到 11 月份，我竟然每天熬到凌晨 2 点，也抵达了身体的极限，有时候女儿半夜醒来，只能起身先把她哄睡然后继续看书。那段时间我每天的睡眠时间大约是四五个小时，早上 6 点就起床看书。对于一个全职妈妈来说，我只能不断压榨自己，才能拥有属于自己的时间，在家人起床之前先起床，把孩子照顾好以后再忙自己的事情，经常中午喂孩子吃完营养餐，自己却顾不上好好吃顿饭，饿了就随便吃点，晚上等到先生回家再好好做一顿大餐。别的考生书包里装的都是参考书，而我的包包里装的都是女儿的玩具、零食和各种物品。

直到今天，我都不知道自己是怎么熬过来的，而这一切的一切，统统随着昨天——2019 年 12 月 22 日下午 4 点半交上的试卷而结束了。

可是，此刻我坐在书桌前，却心如死灰。考研结束，本来应该好好休息，我却忍不住打开电脑对了一下英语考试的答案，发现自己的答题简直惨不忍睹。

很有可能，我得"二战"。

带娃 + 二胎 + "二战"，这怎么可能？

2020 年 2 月 20 日　雨

今天心情很差。不知道该怎么形容出成绩后的心情。

其实，考试之前我就已经做了最坏的心理准备，毕竟对于一个三十多岁还挣扎着考研的"宝妈"来说，肯定比不上在校学生的时间和精力，第一次考不上也情有可原，自己保不准是要"二战"的。

可是，那天抵达考场的时候，我彻底懵了，用苏轼的诗句"寄蜉蝣于天地，渺沧海之一粟"来形容也不为过。考场上多的是像我一样的"特殊"考生——有带着宝宝来的，有考完还要喂奶的，有带着年迈的妈妈来的，还有全家一起来陪考的……更让我钦佩的是一位坐在轮椅上梳着高高马尾的女孩，虽然无法用双脚行走，却仍然借助双轮"参战"，推着轮椅进教室，双腿上还放着好几本厚厚的参考书。那位女生正好坐在我前面，一聊天我才发现她还考过雅思，成绩竟然有 8 分！当问及为什么考研时，她指了指自己的腿，坦诚地对我说："我就想证明自己，身体有缺陷，不代表别的方面我不行。"

这是一个多么让人敬佩的回答！

和他们相比，我根本算不上什么特殊，如今看着自己面前的分数，那样扎眼，那样差劲，我的心里真不是滋味。可是，现在摆在我面前的，除了考研失败，还有另一个重严峻的问题，那就是生二胎。

生二胎早早就在我自己的计划之中，独生孩子确实挺孤单的，我一直想给大宝再生个弟弟或者妹妹，而大宝现在已经大了，二胎计划也该提上日程了。刚刚陪女儿睡觉的时候就想，既然研究生落榜了，那就安心生二胎吧。可光一想，我就打了个冷颤——生孩子的艰辛历历在目，怀孕的"难受期"那么漫长，过往的磨难我从没忘记过。

眼看马上就要过年，免不了要被家里人催生二胎，身边的朋友也以亲身经历告诉我，如果要二胎，最好就早点生、快点生，这样身体也恢复得快，两个孩子的年龄也相差不大，有利于他们彼此陪伴。可是，每当看到别人家几个熊孩子之间"互相厮杀""大闹天宫"的时候，我的头就开始疼。

我，该怎么办呢？

一边怀孕，一边考研，还要照顾大宝，这好像是一件不可能完成的事情。

再出发，困难重重

2020 年 5 月 19 日　雨转多云

谁能想到，这两个多月以来，我又走上这条路，开始了和自己的疯狂较劲。

唯一的变化是，两个月以前我决定放弃去年报考的中国语言文学，转为教育学。其实去年第一次报名的时候，自己就在中国语言文学和教育学之间徘徊，但我最终选择了与本科专业（汉语言文学）相应的中国语言文学。而今年之所以想换，一是我梦想的学校招收这个专业的人数实在太少，竞争过于惨烈，另一个原因，也是更重要的原因，则是为了我的宝贝女儿。

我想通过学习更多教育学的知识让自己成为成长型的母亲，我想让自己在面对各种养育问题的时候能更主动一点而不是手足无措，我想未来在成为一名老师的路途上始终不忘教育的意义。

决定继续"二战"以后，我如释重负。同时，和家里人进行深入沟通以后，也将二胎备孕的事情正式提上日程。我是一个准备二胎的妈妈，也是一个追梦人。

每个星期的周一到周五，我又回到去年的生活节奏，一边带娃一边学习。

和第一次考研一样，我每天的复习时间主要是三块：一块是女儿的午睡时间，我大概有一个小时的复习时间；第二块是女儿的玩耍时间，一天里孩子会有很多个独立玩耍的时间段，几分钟、十几分钟、半个小时，这些零碎时间整合起来是一段不短的时光，可以用来背诵单词，看英语作文的长难句，甚至读完一两篇英语阅读理解。

当然，这都是理想情况，也有许多个时刻，我常常焦头烂额，分身无术。

有时候女儿会故意闹小脾气，怎么哄都不睡，一定要我给她讲故事，要我陪她一起睡；有时候又异常兴奋地早早醒来要妈妈抱抱，要妈妈陪着去楼下玩。我只能放下手中的书本，来到她身边，让她知道此时此刻我只属于她一个人，让她有充分的安全感，她才会变得乖顺、安静下来，不再吵闹。

到晚上女儿入睡以后，这才是我的主要学习时间，一般从十点开始复习到凌晨一点。这三个小时，对我来说至关重要。

对母亲来说，儿女就是心头肉，女儿的日常牵动着我的所有，只要她有一点点不舒服，我的心就揪得不行不行的，她的一点点小病小痛，都会让我的学习计划一下子支离破碎。庆幸的是，在这个过程中我自己的身体没有垮掉，更庆幸的是，我从来没有在孩子面前掉过一滴泪。

有一次女儿感冒，反反复复一直没好，我暂停手头的所有学习进度，全心全意地陪伴她、照顾她，半个月以后女儿终于完全康复，我抱着她说："宝贝，妈妈太久没有看书了，现在要开始看一会儿书了，你同意吗？"

女儿天真地点点头，又给了我一个柔软的拥抱，那个瞬间我真的掉泪了。

一家三口，说到最对不住的人，可能是我的丈夫，陪伴他的时间真的是太少太少，而他却是给我支持最大的人。周一到周五养家糊口的外出工作已经够辛苦了，周末两天他还要化身全职奶爸，尽全力照顾女儿，只为给我尽量腾出整块时间来学习。

当一个全职妈妈的潜能全面爆发的时候，她的意志力是超乎寻常的，我相信这是一段我永远不会后悔，也是一段以后回想起来最难忘的奋斗史。而我的家人，始终是我最坚实的后盾。

女儿，我的研友

2020 年 7 月 12 日　晴

一眨眼 2020 年已经过去半年，饱满的复习状态也持续了一段时间，我又回到了刚启航时那个斗志昂扬的自己。

除了日常学习、带娃，我还坚持运动（一个重要原因是为了怀二胎），想方设法在遛娃的间隙加入各种方便的运动，比如瑜伽拉伸，比如慢跑，比如跳操，再也不是那个一有空就只想着葛优躺的宝妈了。有了运动的"加持"，整个人的精气神也好了很多，每天晚上孩子入睡后，自己还没有困意，更不舍得提前上床睡觉。不管什么时候朋友们微信上找我，我几乎时时在线，他们总是问："你怎么永远在线？"

对，我就是一直在线啊。

无论家人什么时候需要我，我都在；无论朋友们什么时候需要我，我都在；无论我什么时候需要我自己，我也都在。我喜欢这个充电满格的自己，喜欢这种一直"在线"的状态。

说到考研学习，在时间分配上，其实和上半年没有太大的区别，只不过下半年因为有了孕育二胎的计划，所以没有再熬那么深的夜，晚上从9点半看书到12点，最晚到12点半就上床休息了。

值得一提的是，在处理考研与家庭的关系上，我找到了一个舒适的平衡点。我知道很多考研的同学们都有并肩作战的研友，而作为一个宝妈，我的研友不是别人，正是我的宝贝女儿。

漫漫考研，是女儿陪我一路走来——

也许人们会奇怪，为什么街边会有一对蹲着的奇怪母女，为什么商场楼梯上会有一对坐着不动的母女。他们不知道，那是我们出来玩，女儿走累了，想蹲一会儿，想坐一会儿，如果她还想再休息一会儿，我也不心急，她休息她的，我在旁边看我的书，记我的单词，刷我的题。我会告诉女儿妈妈正在做什么，告诉她等她休息够了，准备好了告诉我，我们再一起走。

也许人们也会奇怪，游泳馆里的那个绑着各种小辫子的小女孩为什么不游泳而是只在水里给"西瓜球"浇水，而她的妈妈也在帮忙浇水却不催促她去游泳，似乎她的母亲不知道游泳池是用来游泳的。那是他们不知道，我女儿就是在享受这样的玩耍，她知道妈妈不会逼迫她做自己不想做的事情,她的妈妈希望她开心就好。等到玩得差不多了，她会对妈妈说："好了，妈妈你去记单词吧！"等到她想念妈妈了，她会说："好了，妈妈，你来陪我一下吧！"这是属于她们母女的默契和懂得。

也许人们还会奇怪，为什么有个小女孩总是吵着要拿妈妈的手机，而妈妈也顺着她的意似乎不知道小孩子不应该玩手机。那是他们不知道，我女儿要自己帮我点开记单词的软件，要自己帮我打开刷题的小程序，只有她帮忙了，她才会心满意足又骄傲地做下一件事情。她的妈妈很乐意让女儿帮助自己，她愿意让女儿参与到自己的梦想之中。

正是在这些琐碎的生活细节之中，我和女儿的距离更近了，我们变得更加默契，更尊重彼此，我是女儿的妈妈，但女儿有时候也是我的老师。每一个白天我就是在女儿这样的陪伴下，利用一切零碎时间去记单词、刷政治题、做英语的每日一句、看教育学的每日一词，晚上则利用孩子入睡后的整段时间，来专门梳理专业课的知识体系。

以前，我总是为了多记几个单词多看几页书，急火攻心之下情绪失控，然后责怪女儿，将她当作我考研路上的牵绊，搞得她难过我也难过。而现在，这个快满三岁的小女娃仍然是各种古灵精怪，比如出去玩的时候经常走着走着就忽然抱紧路边的路灯柱子，要我来捉她，不肯继续往前走。现在我知道急不得，如果像过去一样急躁地催她，越催她越慢，越会起逆反之心，所以我索性陪她蹲，陪她坐，陪她疯，给她微笑，给她拥抱，给她温暖与爱。陪伴的时候，我就一心一意地陪她，让她感受到我每时每刻每分每秒都在，给她更多的安全感，从而使她更自由，而我也才能更自由。

我希望我和女儿之间是和谐的、平等的、共生的。

如今，每个周末，我会专门抽出一部分亲子时间出去玩，女儿玩沙子的时候，有时候她自己玩，有时候是爸爸陪，我则在一边记单词、刷题、看书。等我记完一轮单词了，我便下到游乐场和她一起砌长城、做城堡，换爸爸休息。去商场玩乐高的时候也是这样的"轮班"模式。看着丈夫和女儿的身影，我意识到自己在梦想和家庭之间找到了一丝丝的平衡。

自从决定考研起，我就一直在亲子陪伴和考研之间纠结，我真的太害怕顾此失彼——害怕因为照顾孩子而丢了梦想，又害怕最后研究生没考上，孩子的成长时光也一去不复返。

年轻的时候，我忙着去成为一个妻子、一个母亲，轻易就忘了自己的梦。有了家庭之后，好不容易重新背上梦想，又在自责的情绪里小心翼翼，生怕一眨眼孩子就长大了。如果没有做过妈妈，恐怕不能理解这样的恐惧。

一路走到现在，要说自己最大的一个感悟，那就是：**人的时间太有限了，尤其是一个女人，你必须真正地勤奋，真正地投入，而不是浮于形式。**懂得合理分配学习时间，制定有效的学习计划，这是我们突围的关键。不要老是拿孩子当挡箭牌，别老拿着家庭说事儿，带着孩子我们也一样可以乘风破浪。

无论是在家里、游乐场里、公园里，不管是用笔记、用电脑、用手机，不论是听录音、听讲座，都是在学习，关键是要能够高效地吸收，用自己的语言总结和消化，将知识变成自己的东西，然后再完整地输出，有了这样一个过程，学习效果就能大大提高。

在综艺节目《乘风破浪的姐姐》里，节目播放了一段伊能静课间休息时的视频，当时伊能静在与女儿视频，说着说着开始情绪失控，她说："跟女儿分开这么久，真是太想念她了，现在都怀疑自己过来搞得这么辛苦到底是干嘛呢？……我从个人表演的那一天就开始怀疑自己了……五十二岁要做梦真的太晚了！"

看到这里的时候，我也很动容。不管是五十二岁也好，三十二岁也好，一旦我们开始追梦，就少不了在奔跑的路上自我怀疑：怀疑自己的能力、怀疑牺牲陪伴孩子、老公的时间是不是值得，怀疑这个世界到底还有没有地方给我们施展才能……

可是我想说，怀疑就对了。

有怀疑，才要更加努力去证明一切疑点，去证明自己当初的选择没有错！哪怕头破血流，哪怕累到透支，淋漓尽致的人生就是要这样——**我是一个女人，我有我的家人，可我还想继续追梦，我还想要看到属于自己的那片蔚蓝天空。**

有一段时间，网上盛传日本电视台投放的一则广告，内容是这样的：在一个打扫得干净整洁的家中，一位妈妈把熟睡的宝宝轻轻放到婴儿床上，并且给宝宝盖上被子，然后自己走到书桌旁，坐下来，打开书，开始看书学习。这时候，广告的旁白声响起，道出妈妈此刻的心声："趁着产假期间想考考证。"紧接着，爸爸端着一杯咖啡走过来，面带笑容地对妻子说，"不要太努力太过于辛苦哦。"年轻的妈妈笑容满面，低声回应："嗯，不过我觉得这样很快乐。"

此时，广告接近尾声，打出一行字幕："**努力这件事，本身就会让人快乐。**"

活到 30 来岁，我的人生历经了两次巨大的考验，第一次是结婚生子，第二次是考研。此刻，女儿刚午睡醒来，走到书房叫我，看着她扬起的小脸，我的心里泛起一丝酸涩，回想这手忙脚乱的两年，偶尔有几次对她歇斯底里大吼大叫，我是多么希望对她说一句：对不起，宝贝！我是多么希望这一次能有个好结果，希望通过自己的努力，来年还给她一个温柔的硕士妈妈。

一名音乐考生的"非典型"考研之路：
踏遍日月山河，心怀梦想归来

讲述人：冯嘉敏
艺考生，考研目标院校：浙江音乐学院。

回顾我的人生，不爱努力只爱玩，

身边的人劝我好生学习，可我从来不懂所以然，

左耳进、右耳出，继续任性与忘我。

这些年去了许多地方，见到许多人和事，

才发现，自己不过是井底之蛙，

原来这个世界上有人正在过着我想要的生活。

我想冲出去，冲出自我的牢笼，冲出现在的生活。

——本文作者

我的醒悟，总是迟来一步

请允许我将故事线拉长一些，回到那个写满了懊恼的少年时期。

小时候，母亲常常对我说："你要好好学习，将来考上个好大学，

就算家里没钱，我借钱也会让你读。"可是从小我就不是热爱学习的孩子，相反，每次考试常年倒数第一。小学那会儿，我和隔壁班的班主任撞名，记得有位老师开玩笑对我说："你不如去改名字吧，别影响了那位和你同名的老师。"可见我在他们心中的印象有多糟糕。孩童时期的我很爱玩，爱极了 QQ 游戏、摩尔庄园和奥比岛，甚至可以为此通宵达旦。小升初时，我成绩平平，便接受了电脑派位，念了一所区里水平一般的初中。

尽管是个一般的学校，但成绩垫底的命运从未改变。唯一改变的是，初中的我已经不再热爱游戏，而是迷上了追星。当年级组长在电视新闻里看到我时，回到学校对我大发雷霆，直言要让家长来校谈话。初三时，眼看大家都在为中考倒计时紧张，只有我在为即将放假这件事而兴奋。中考成绩公布，和所有人预料中的一样，我没能考上高中。

这个时候我却开始后悔了，我想读高中。

复读那一年，许多老师对我赞赏有加，因为这时我才第一次开始努力。时隔多年，我仍然记起当年物理老师告诉我们的那句话：**"如果人一生都在同一座城市生活，不免显得无趣。"**这句话深深扎根在我心里，想通过读书去外面的世界看看，这成为压在我心底的秘密。

高一分科时，我骤然发现自己钟爱的是音乐，于是决定艺考。可是我的嗓子缺乏先天优势，校考七所学校的声乐表演专业，也未能取得一张合格证。庆幸的是，联考时的术科成绩与第二批本科最低控制线擦线而过，我可以读一所二本民办本科的院校，可这所学校却在省内，我想要考出本省的梦想终究还是落空了。

改变，始自后来发生的一件事。

第一次见面，它便令我心驰神往

2018 年 1 月 27 日，杭州，雪。

那是我第一次走进浙江音乐学院，当初是本着音乐生应当参观各地音乐学院的想法，不曾想到这一去就此改变了我的人生。

那年冬天，仿佛回到临安。杭州没有一处不被大雪覆盖着，白雪覆盖下，浙江音乐学院散发出一种独特的魅力。它依偎在望江山侧，设计师妙用它独特的地理位置，将这里的场景依照自身的功能，建造出不同的外部形态，许多建筑都是依照乐器形制而建——体育馆像手风琴，图书馆像钢琴，钟楼像竖琴……这里的建筑无一不让我叹为观止。除此以外，景观设计上也别有用心，不仅有乐器涂鸦，还有别具一格的音乐名人雕塑。虽然当时的校园正值寒假，但各种各样的音乐仍不时在我耳畔萦绕。宣传栏里贴满了各种演出的宣传海报：专场音乐会、音乐大师讲座……这些都深深吸引了我。再者，毕竟是专业的音乐学院，很多音乐课程普通高校尚未设置，让我大开眼界。

五彩霓虹灯与车水马龙相衬下的杭州，独具新一线城市的魅力，无论是风景如画的西湖，还是南宋都城的历史，抑或梁山伯与祝英台的典故，都向我散发出迷人的魅力，也是从那时起，我打心底喜欢上了杭州这座城市。

"如果能在浙江音乐学院上学，该有多好啊！"这样的想法情不自禁从心中冒了出来。

可是，我是个民办二本的"差生"，本专业成绩不突出，又无其他音乐专业知识。况且，浙江距广东甚远，我也无三两相识的好友，独身闯荡这片生疏之地，恐怕难上加难。

我怎么胆敢有所妄想呢？于是，报考浙江音乐学院的想法又像潮水一般退了下去。

我的江南"浪迹"生活

说来也巧，2018年那一年，我屡屡与江南人相遇。

2018年1月，我第一次看见雪，并且那年江南地区的大雪也是不常见的持久。那段时间，我"浪迹"在东南一带，这里的所有事物在我眼中都是那么新鲜。在苏州园林，和当地的学生们交谈，我感叹他们言谈精炼，也赞叹他们优雅知性。半年以后，我到同济大学参观，更是感叹名校书香的蔚然风气。

2018 年 7 月，我结识了一位浙江音乐学院的本科生，他是学习中国打击乐演奏的。当我在浙江音乐学院观赏他们国乐团新年音乐会时，感叹的不只是他演奏的精湛，更惊叹中国民乐的尽善尽美。在此之前，我并不知道中国乐器是一个大宝库，里面的宝贝不胜枚举。

2018 年 8 月，我来到了梦寐以求的旅行圣地——少数民族聚居地云南。在滇中青旅，我遇到同样是独自旅行的一位南京农业大学学霸，当我们一同结伴前往大理时，苍山雪，洱海月让我们望洋兴叹，我除了感叹"好美！"却再也说不出更多华丽的辞藻。但他却总能用简练的语言表达心中所想，让我不禁感叹自己语言的贫乏。除此以外，他告诉了我许多自己从来不知道的信息，比如很多高校生活的精彩与丰富多彩。

与这些人的相识，让我心中的信念得以重新唤起：我要考浙江音乐学院，我要去心仪的城市生活。

一个大胆的想法

梦想很美好，可是怎么才能落实下去呢？

实际情况是，我是一所二本民办学校的学生，在学校，我也不是优秀学生，期末综合成绩常常需要从后往前找，底子弱这是个大问题；

而且艺术类研究生学费高昂，对我的家庭来说也是一笔不小的支出。

面对音乐类专硕学费高、技术型要求强的局限，老师建议我了解了解"民族音乐学"这个专业。这个建议一下点亮了我，从小到大我就对民族音乐文化有深深的兴趣，再回想过去几年，我接触到许多来自不同地域的人，也看过不少民族的歌舞表演。和民族音乐学田野工作所要求的一样，我反对走马观花的旅行，更喜爱研究当地人的音乐生活，无奈自己不懂得如何研究，那么，我为什么不选择它作为我日后的研究方向呢？

而且这个专业更侧重于理论，相比于音乐的各种技术类科目，我也更热爱理论。选择理论研究作为考研方向，一是因我偏胆小，怯于舞台表演，二是对学术研究更感兴趣，更重要的是，因为我有个大胆的梦。

学音乐的这些年，我频频接触西洋音乐，不仅是学习西洋乐理和钢琴，本科期间也把古典吉他作为选修乐器，但越是学习西洋音乐，越是禁不住由衷感叹：还是钟磬齐鸣，丝竹相和的民族音乐，更让我心驰神往。

如今，不少人接触音乐，首先是西方的，对本土的音乐所知寥寥无几。当下，我国的某些音乐遗产面临着传承将断的严峻局面，有些甚至即将消失。我是不是能通过学习一些相关知识，通过实践努力，尽自己一份绵薄之力，让属于我们的民族音乐文化流传下去，让更多人知道呢？

于是我有了一个大胆的想法：那就是融旅行与音乐于一体，录制视频音乐志，弘扬中华传统音乐文化。光影流年，莫过于美好记录，而视频音乐志既可以反映人们的社会生活状态和传统习俗，又能以动态的形式描述音乐。要进行视频音乐志的制作，民族音乐学者需要深入研究相关民族的社会生活和珍贵的历史参考资料，最终的研究成果才易于被广大群众所传播。

研究生阶段，我希望展开自己的研究项目，以达到弘扬中国传统音乐文化、记录中国音乐历史发展的面貌的梦想。就这样，我的目标学校和目标专业就此确定。

但这都是后话了，前提是我得先考上研究生。

越是冷嘲热讽，我越想证明我可以

我相信，在考研的路上许多人都面临过冷嘲热讽。

这种声音有些来自学校和同学——"民族民间音乐都快挂科了你还考研？""你居然坐在第一排听课？""你四级考过了吗？还考研？"

嘲讽也出现在家族聚会的饭桌上，家里有很多亲戚公然反对我考研，他们认为女生嫁个有钱人便是最好的归宿，甚至连我的博士生堂哥都对我进行洗脑，告诉我"女生考研没用"，这些观念和言论简直让我寒到心肝底。更过分的是，许多亲戚热衷于把我和学物理的博士堂哥比较，想办法让我放弃："你又没有你哥哥聪明""你又不是你哥哥""你去问问你哥哥，考上研究生是不是很难？"

考研于我而言，不仅仅是为了个人发展和事业前途方面的考虑，更因为我有个理想，但在这样的家庭氛围中，我只能深深地将愿望藏起来，我知道只要和他们谈理想，迎来的一定是疯狂的嘲笑。

原生家庭，是我想考研离开的原因之一。

除却外围的亲戚，最亲密的亲人里，父亲是我考研的最大动力，然而，让你们失望了，他是我的"反向动力"。

小时候，他常常问我考试考得怎么样，却不舍得在我学习时把电视声量调小；他会当着我的面对别人说："你女儿真好，是考进学校的，我女儿不是。"但我明明和"别人家的女儿"是同一所大学，只不过那位女儿是文化生，我是音乐生；他三番五次阻止我报名考研课程，说："不上课不行吗？"

这些，都算不了什么。

房间里 30 瓦的日光灯坏了好些年，为了复习，我让父亲帮忙修理，不曾想他却因安装不顺利就拿起灯管支架大声吼着要打我。安装时父亲手中的螺丝刀不慎跌落划花钢琴，他眼看我在为钢琴上的 40 厘米刮痕心疼，却反过来恶言恶语质问我："钢琴又不是拿来看的，花就花了！问题是买钢琴的费用，还是我支付的！"

俗话说"父爱是照明灯"，但我的父亲却是一枚定时炸弹，我永远不知道下一秒会不会爆炸。身边许多同学曾经多次劝说我与家里人关系和睦些，我也为此努力过，但至今仍然很难和父亲走入和谐的关系里。

　　我知道，父亲也是刀子嘴豆腐心，尽管他打心眼里不赞同我学音乐，也未曾说过"考研加油"此类的话，但备考这些天来，疫情导致工作停歇，尽管拿不出更多的钱让我上专业网课，父亲却日复一日在奶奶家和我家来回往返，每日做好营养餐为我补充能量。每日为了给我买到更好的食材，父亲顶着大太阳骑自行车往返十余公里。

　　我心里藏着的一个想法：通过考研，逃出家庭狭隘的文化圈。待到学成归来时，我相信自己一定能够改变家人"高学历无用"的思想观念，与他们达成和解。

当梦想照进现实

　　说了这么多身世故事，也该说说学习上的事情了。

　　都说笨鸟先飞，去年十月，我知道自己不能再拖延下去了，于是一头扎进茫茫学海之中，可第一个阶段的复习并不顺利。半年一晃眼过去，完成一半专业课复习的我，在做真题时却发现老师所授内容与目标学校的重点相差甚多，加之二月份的英语四级成绩公布，我与合格线相差一百多分，这两个现实情况对我无疑是晴天霹雳。

　　焦头烂额之下，我找到目标学校的直系学姐作为自己的辅导老师，她的认真备课与仔细耐心，让我所获甚多。她不仅帮我复习专业知识，还疏解我不安的心理，告诉我学习的基本方法和原理。在课堂上她是老师，在课堂下她是朋友；英语方面，我则开始紧跟考虫进度，课堂上王琢老师的"三脱法"也渐渐让我从"一题全错"的局面中有所好转。

今年八月暑假，我搬到杭州备考。

这里，目标院校近在咫尺，我也结识了许多同把浙江音乐学院作为目标的同学，其中大多数同学来自音乐院校，也不乏"二战"的同学。有人因为专业基础优秀而放松，有人则严苛地早起早睡。在这里，没有老师逼着学，一切全靠自律。

而我呢？

从小就是差等生的我，从来不敢在同学们讨论学习问题的时候插嘴，久而久之，自卑的心理就此产生。到了杭州，更是如临大敌，似乎常常有人拿着匕首，架在我脖子上，在我耳边轻声对我说："看看你的对手，就在你的四周！他们多努力！你还不好好学？"

于是，

每日清晨，我都想比其他人早起一点点；

每个深夜，我都想比其他人晚睡一点点；

每个课余的间隙，我都想比其他人多看几页书；

不知不觉，我将自己逼到了一个临界值。

撑不下去的时候，我放下书本，在夜晚的杭州城里漫步，那是我释放压力的方式。夜幕下，漫步于一座不熟悉的城市，感觉很奇妙，望不到尽头，前方只一片模糊不清的景象。一开始你满怀恐惧、望而却步，但经过一次次的穿越、渐渐你熟悉了它，享受着它，几乎和这座城市融为一体。回到小区，坐在石板路歇息，抬头看一眼繁星低垂的天空，大汗淋漓的身体被柔柔的夜风轻抚着，胸口强有力的心跳踩着规律的节拍，让我重新找回自己身体深处的声音。

九月开学，我终于离开让我倍感压力的杭州，回到久违的母校。书包里装上几本专业课书，带上充电宝，再拿上平板电脑，就是我的日常搭配。除了这些，我的考研生活里还多了一枚"定海神针"，那就是我的研友。

每天，我和研友微信聊天的最后一句话都是"明天老地方、老时间见"；

每个清晨，我们都会在自习室开门前到达，成为数米长队中的一员；

每个中午，我们都会在食堂等餐的时候互相抽背音乐史；

吃过晚饭，我们回到自习室，拿出一天中遇到的难题相互请教。

但我最感谢的，是一次次把我从困境中拉出来的一位研友。

考研期间，我谈过一段转瞬即逝的恋爱。像许多个被感情冲昏头脑的女孩一样：在自习室里我总是忍不住盯着手机，生怕错过对方的任何一条微信；临近对方生日，我在自习室刷起小红书和淘宝，希望为他准备惊喜；除了对方未起床、不找我聊天的时候，我可以集中精力学习，其余时间我满脑子都在想着：为什么他还不找我？但是这段不该有的情感很快也在指弹之间消失，因为我实在受不了需要日夜揣测对方心思的自己，受不了那个为了恋爱而忘记初心的自己。**在这段如龙卷风的震荡里，不免头昏脑涨，但所幸能够迅速冷静下来。**

那段日子，我和研友的微信聊天记录，搜索记录最多便是对方的诘问："你还考研吗？""我为什么要骂你？你别考了！"这样简单粗暴却直击人心的话。如果不是他一次次的提醒，或许我已经滑落在种种情绪的泥潭之中。最后，当我重新回到学习状态中来的时候，他只是简单对我说了一句："欢迎回来。"

我想，等我考上研究生，会有更加合适的人出现。彼时，我定会为自己的爱情而付之努力。此刻，就让我把所有的心思都放在自己身上吧。如石雷鹏老师所言：**"你更应该做的事情是让自己变得更优秀，因为唯有如此，当你喜欢的人站在你面前时，你才会更自信地站在他面前去接受或追求爱。"**

如今，考研大纲已经公布，预报名即将开始。我希望当我在填写"浙江音乐学院"作为目标院校时，是充满自信与激情的。我曾经问我的研友："倘若'一战'不能上岸，你会再来一次吗？"他斩钉截铁地回答："我不敢想，因为我必须要考上！"他常常用这种冲劲激励自己，同时也感染着我，让我不敢懈怠。

让我们一起不为往事忧，只为余生一搏。

如今，我的照片墙上贴着一张和"浙音"学长的合照，不是出于爱情，只是出于敬佩和崇拜。学长总是夸我经常在全国各地旅行，见识广、朋友多，但我又哪里能及他一点点呢？我曾听到浙音的一位学姐这么描述他："他在我们班非常厉害，老师们都'抢着'找他伴奏，所以他的时间表常常排列紧凑。"我是多么羡慕他能在世界各地演出，多么羡慕他能与不同地方的优秀音乐人一起交流啊！

我知道，梦想很光鲜，可是抵达那里的路艰险而泥泞。

看看现在镜子里的自己,也真是有些"挫":头发已经很久都没整理,乱了就用皮筋捆起来;桌面上的化妆品许久未得到我的青睐,平日里描个眉已是对自己的"最大尊重";这些天,因为压力太大,额头时不时冒出几颗痘痘,与朋友视频,她总要吐槽几句我的皮肤问题。依然记得,前些天晚上忘定闹铃,早上睡到 9 点,醒来感觉整个世界都崩塌了,洗漱完抓起书包就往自习室赶,这才发现自己竟如此在乎考研。

在文章的最后,我想引用里尔克在《安魂曲》里的一句诗:**哪有什么胜利可言,挺住意味着一切!** "挺住",就是现在的我想说的所有。我的故事只能先写到这里了,待到战斗真正结束的那一天,希望我能带来好消息,继续写完这篇文章,将梦想绽放的声音,弹奏给每一个逐梦的人听。

第二章

"上岸"后的风景

——

"上岸"

多么美好的字眼

你来到了新的校园

聆听着导师的教诲、感受着同学们的热情

一切的一切

都如同梦中的模样

你徜徉在知识的海洋中

努力汲取养分

迎接更加辉煌的未来

一名自考专科生的灵魂自白：
纵然一无所有，也能绝地反击！

讲述人：刘一诺
本科南京艺术学院，2018级东北大学硕士研究生在读。

考研的人，你好：

抱歉，这封迟来的信，我写了很久，也搁置了很久。

考研的时候就曾告诉自己，将来若能有幸考上，定要将这一路风雨写下来，希望对后来的考研人能有些帮助。因为当年我也那么渴望，渴望能有一个人分享他的考研心路，陪我度过那段最孤独难熬的时光，帮我排遣掉所有的顾虑、迷茫和不自信。

可是，每当我打开电脑试图写下自己的故事时，便百感交集，无数场景像纷飞的雪花在脑海中飞舞，一时竟然不知从何说起——

那一年，是我迄今为止人生中最拼命的一年。我没有放过自己，一边吞下"越是一无所有，越要拼命努力"的鸡汤，一边用努力麻痹自己，每天早上6点起床，晚上12点睡——之所以这么拼，是我知道自己起点低，因为我是一名专科生。

那一年，我和男朋友分手了，分得很难看，我发现对方背叛了我。爱情里我是个傻瓜，因为爱情而更换考研目标，又被爱情背叛，最终只能一个人面对幽暗的漫漫考研之路。浑浑噩噩消沉了段日子，我选择重新为自己活一把。

那一年，我的身体千疮百孔，肠胃炎犯过，结膜炎得过，口舌生疮，整个人急火攻心，考研前一个星期背书背到虚脱，直到考试当天我还在喝中药。走出考场那一刻，口中苦涩，心里却有回甘。

庆幸的是，这一路我始终没有放弃，最终如愿以偿考上一所"985"大学。现在，我无比欣慰地坐在这里向你诉说我的故事。

如果你也像当初的我一样彷徨，坐下来，听听我的故事。

一名自考专科生的考研自白

开门见山，我是一名专科生。

高考成绩一般般，其实不算特别差，可是我的运气特别差——高考填志愿的时候失策失算，一落再落，结果竟然只考了个专科学校。虽然这所艺术专科学校小有名气，分数线几乎和二本划等号，但毕竟是个专科。

没有办法，先硬着头皮读吧。后来我赶紧自考，考上南京艺术学院，成了一名"专接本"的专科生。

另一方面，我的自我觉醒也开始得很晚。

作为一名艺术生，我从小就不是学霸，自认为专业还不错（绘画是我生命的最大热情之所在），对文化成绩不太上心，就算高考那会儿也没有经历过什么"炼狱"般的苦学。父母对我的学习也没有太高的要求，他们觉得，作为一个女生，健健康康平平安安地长大，能在家乡有个稳定工作就万事大吉了，不必有什么"大"的发展。

于是，进入大学以后，第一年浑浑噩噩就度过了；大二那一年我陷入了一段暗恋，心思都放在如何打扮自己、如何让对方注意到我一类的事情上，虽然对方对我没有太多感觉，我却在这段苦恋上投入了太多的时间和精力。

最后，镜花水月的暗恋无疾而终，大二结束的时候感觉自己什么也没有学到，内心不禁惶惶然，于是开始在网上寻找艺术实习的机会，希望出去散散心，顺便获得一些实践上的成长。

事情的转折点就来自于此。

当时我正在申请一个实习单位，对方是一家不错的艺术画廊，地方不大，但名声在外。我知道实习机会竞争激烈，但自己并不害怕和自卑，毕竟在艺术专业上我还是有自信的。我用心挑选了自己的作品并制作成精美的集子，然后便去参加面试了。

面试环节分为两场，一场是中文面试，我侃侃而谈，面试者也觉得我还蛮有灵气蛮有意思的。万万没想到，第二场面试环节采用英文复试，英语是我最差的一门，对方问的问题我愣是一句没听懂，我只是不断重复：I am sorry……场面非常尴尬。

自然，那次实习我没有申请成功。

不知道为什么，或许是那次面试的惨痛失败，或许是那家画廊优雅超凡的气质，或许是其他竞争者自信优异的表现，这些事情深深刺激到我，让那个不知天高地厚的我一下子知道了天有多高，地有多厚，我头一回认识到这个世界很现实。

我意识到一件事，那就是：**我需要一块敲门砖。**

由此，我萌生了进修读研的想法。

顺理成章地，我开始查阅大量资料，搜集很多相关信息，但我的内心深处隐藏了很大一块否定自我的成分，总觉得自己比别人"矮"了一大截——考一个重点大学的研究生似乎是在做青天白日梦，遥不可及。每每想到此，自信便会消失一大半。

最后，我对于美术的热情还是战胜了恐惧，确定要考的一所北方美院也是我高中时的梦想。当时连学长都联系好了，也购买了专业课的课程和书籍，甚至开始一点点背诵起英语单词来，梦想的齿轮正在启动……

这时，另一件事发生了——大三下学期，我谈恋爱了。

犯傻的我，因为恋爱而改变目标

我的恋爱始于异地。

当时男朋友是我的高中同学，高中毕业以后他就去当兵了，本来我们只是同学关系，没有过多交集。没想到大学读到一半，很突然恢复了联系，闲暇之时约着一起玩玩游戏之类，两个人继而在微信上熟悉起来。后来放假的时候见了几次面，他开始热情地追求我。我本来对他就有一些好感，加上又是一个省份的同学老乡，便接受了追求。

恋爱期间我们一直身处异地，对方对我的考研计划既没有反对，也没有关心，在电话里很少会问到我考研的进展，聊天中倒是无意会透露出"哎，异地恋挺不容易的，隔得越远越容易分手，我们还是挨得近一点比较好"这样的意思。

刚开始我没有在意。后来在一次长谈中，他直接告诉我：希望我考研可以回东北。

我想报考的美院在北方的一座大城市，为此我纠结了很久，觉得他说的似乎没什么不对——毕竟我们都不是小孩了，谈恋爱得奔着未来去，为了两个人共同的未来，当然希望可以待在一个地方发展。

于是，我义无反顾地采纳了他的建议。

当时男朋友在辽阳当兵，我便将择校的范围缩小到了辽宁省（现在想想真的是失去理智了）。当时辽宁省的"鲁美"是当地唯一一所美院，但是非常难考，咨询了很多人都说那里的研究生几乎是被本校"承包"的状态，外校学生考进去的概率非常低。

于是我只能将目标进一步缩小到当地综合类院校，搜来搜去搜到了沈阳师范大学，学校一般，所以对我来说考研的难度也不大，于是便自我安慰"如果能'一战'上岸也挺好"，当时几乎下决心就考这个了。

可当我冷静下来的时候,又感觉怪怪的:既然考研,为什么要考个二本院校呢?好歹我的自考本科南京艺术学院也是一所一本,这不越考越回去了吗?

于是我又接着查学校,最终查到沈阳最好的学校——东北大学,一所"985"的综合院校。经过一番波折,我的考研目标终于定了下来。

在家"啃老"的复习时光

说到考研复习,我的"主战场"是在家里,因为我是大学毕业一年以后才参加的考研,因为情况特殊——专科自考的学位证并不会在毕业时一起发下来,需要等一段长时间,这导致我无法参加 2017 年的应届考研(考试需要有毕业学位证),只能参加 2018 年的考试,所以毕业以后我便收拾行李回家复习了。

还记得 2017 年夏天,我们在母校挥霍着最后的大学时光,空气中处处弥漫着酒精、烧烤和眼泪的味道,我们放声地唱、肆意地笑、和每一处熟悉的景物告别……最后我登上火车,回到了故乡。

那天父亲来车站接我,到家时我妈为我准备了一大桌饭菜。饭桌上,妈妈说:"我们也没指望你一个女孩子出去赚什么钱,你想读书,那就好好学,争取考上,多读几年书总归是好的。"

不知道为什么，听到这话我鼻子一下酸了，一个劲往嘴巴里扒饭。没想到做了这么多年的"掌上明珠"，竟然毕业了还是回家啃老，心中有些难过。

还是说回复习吧。

我是一个没有养成学习习惯的人，平时最努力的事情就是画画，很少看书。为了戒掉玩心，我把手机上的游戏、微信、微博、淘宝、B站等一切分散注意力的 App 都卸掉，早上起床就将手机调整到飞行模式，和男朋友约好只在固定时间打电话。

说到复习计划，我更是没有任何经验。当时我用特别傻的方式手工画了一张表格，将每天要完成的内容写在里面，并估算好大概所需时间，完成一样就画个小勾。每当我看到这一天的勾勾画满的时候，心里就觉得特别踏实，越来越相信自己一定可以考上。

现在想起来，当时完全是瞎子摸象的状态——复习资料买来了，就打开一点点地看；没有计划，就自己 DIY 制定计划，逐渐寻找节奏，边走边调整，渐渐就走上正轨了。到后来，我看书的速度越来越快，记下来的东西越来越多，整个人都充满信心起来。

转眼就到九月，秋天一过马上就是冬天，考研仿佛近在眼前。

看着窗外的树叶一天天掉下，我的心紧张起来，于是逐渐减少了和男朋友电话联络的时间，从一天一通电话变成三天一通，然后是一周一次，最后都不太想打电话了，确实是没有太多心情。

电话里我总是一次次向他解释：考研这段时间我需要专心学习，顾不上太多其他事情，确实没有办法，但他却好像无法理解我这边焦头烂额的状态，质问我到底是考研重要还是他重要，问得我哑口无言。

因为这些事情，整个九月我们没有少吵架，经常挂掉电话后我只能默默流泪，心情久久无法平复。

没想到，更大的暴击在后面。

遭遇背叛，踽踽独行

记得那是十月底的一天，那天我正在复习专业课，突然手机收到一条来自火车站官网的短信通知——

"亲爱的 XXX，你好！您购买的从 xx（地点）通往 xx 地点的 xx 次列车在 xx 月 xx 号 xx 点 xx 分发车，请您提前做好准备。"

之所以能收到这条短信，是因为回家以后我没有办理新的电话号码，而是用男友在家乡的手机号。刚开始我随便瞥了一眼，还纳闷：火车票？难道他前段时间离开部队又回来了？

再一看，不对！我心里闪过一丝惊慌：难道他是在给别人买火车票去看他？

进一步想，细思极恐：自己平时大大咧咧，从没管过男朋友和异性朋友的交往，这段时间又疏于联系，会不会有什么问题？

于是，我一个电话拨过去直截了当地问：这张车票是怎么回事？

男朋友一开始有些蒙，或许他忘了那个老手机号绑定了火车订票，然后支支吾吾跟我解释，说出来的话漏洞百出，声音听上去也怪怪的，以我对他的了解，一定在说谎。当时不知道哪里来的第六感，我强硬地在电话里质问他，他这才向我坦白：那个女生追求他有一段时间了，这次确实是他出钱给女生买的火车票，想给对方一个机会两人进一步了解一下。

听到这话，我头皮都麻了："进一步了解什么？难道你们在相亲吗？知不知道你有女朋友啊？"我在电话里大吼。

对方沉默很久，对我说："和你在一起太累了。你的心里只有考研，只有你的未来，而我想找一个温柔的，会哄我、关心我的女孩。"

愤怒。委屈。崩溃。

我想起自己为了爱情放弃考研目标（考研报名已经结束，无法更改），想起这段时间遭受的嘲讽（之前吵架他经常嘲讽我考不上研究生），想起在家学习的这段时间对方却背着我在"撩"别人……

当时妈妈正在客厅看电视，我挂掉电话一声不吭走进厕所，闷闷说了一句"我洗澡了"，然后反锁门，打开莲蓬头就是一顿暴哭，但又不敢哭出声，只能咬住自己嘴唇狠狠抽泣……为什么要让我遇到这种事情？为什么自己这么傻？为什么……

就这样，我的恋爱始于异地，终于异地。

之后的一段时间我完全无心学习，憋屈得难受，咽不下这口气。每天清晨睁眼就醒，茫茫然看着窗外光线一点点亮起来，浑身一丝力气也没有，状态宛如一夜回到解放前，成了个泄气的皮球。

绝地反击，最后的冲刺

虽然经历了打击，但好在心中理智还在。

我给自己留的"伤心时间"是 10 天，10 天一过，不管有多难受都得爬起来看书了。

最后两个月备考的时间过得很快。那两个月，我饿了吃饭，醒了看书，累了睡觉，让自己被学习充实到感觉不到一点伤痛。

7:00—7:20：起床、洗漱、吃早饭

7:30—8:30：背英语单词＋作文

8:40—12:00：做专业课真题＋总结错题

12:10—13:00：吃午饭、看剧

13:00—14:10：睡午觉

14:30—18:00：做英语真题试卷，总结错题

18:10—19:00：吃晚饭，散步，和父母聊天

19:10—21:45：复习专业课

22:00—23:00：背政治大题

23:00—24:00：睡前听英语

就算安排得如此紧密，也还是会有彷徨的时刻——有时候午睡醒来，混混沌沌，觉得自己仿佛被整个世界遗弃。毕业了，不再是学生，也没有工作，只是在家啃老的一个边缘人……有种生无可恋的感觉。

其实，真正检验一个人的，是看他能否不忘初心——当他遇到困难的时候，是否还记得当初自己为何要出发。

每当这个时候我都会问自己：为什么要考研？

因为我需要一块敲门砖，因为我想要一个更广阔的未来，因为我想成为更好的自己啊。

不管怎样，我都不会放弃。

憋住一口气熬，等反应过来的时候已是初冬。寒风四起。

回忆起我的初试，就一个词：紧张。

超级紧张。

记得当时提前一天从家里坐火车出发，路上一直在背政治——从起床就开始背，路上背，到了酒店也在背，吃饭的时候还在背，一直背到晚上。当天晚上十点上床睡觉，躺下以后翻来覆去一个小时怎么都睡不着，头脑异常清醒，甚至有点亢奋，心里还是惦记着政治简答题。于是开灯，继续背，一直背到凌晨两点多，终于困了，还留下一个简答题，决定第二天早上解决它。

想到自己平时总是嗜睡，不放心，便将闹钟从五点半开始设定起，十分钟响一次，一直持续到七点半。

没想到，第二天六点我就起床了，又坐起来背政治，先整体过了一遍昨天晚上背的，最后又背完留下的那道简答题，待时间差不多便洗漱出发了。

离开小旅馆的时候，刚好遇到老板娘在打扫卫生，见我出来，老板娘鼓励我说道："加油考试啊，要相信自己！"

当时心中有一股暖流流过。

我连连说："谢谢您！我会的，谢谢！"

给妈妈发了条微信："我进考场了"，然后走进教室，心里却有些忐忑，脑海中随机闪过一道政治题，想了两句答案发现有点忘了，在其他同学陆续进教室的时候赶忙转身，重新看了一眼答案，才放心进教室。拿到考卷的时候，先翻到后面看简单题，不敢相信自己的眼睛：刚刚复习的那道题竟然真的考到了！

就这样，政治在惊喜中考完，下午便是英语。

中午匆匆吃了一碗面就回到小旅馆复习。我的英语基础很差，利用中午时间决定看看作文，于是反复背了几篇不同类型的作文范文，然后看了看平时记录的错题集。刚趴下小憩一会，闹钟就响了。

一到考场，发现多出几个空位，心里不禁感叹：既然来都来了，为何不考完呢？英语试卷发下来以后，担心答不完，于是先写的作文。等到走出考场的时候，天很黑，路灯很亮，空中飘起了雪花，迎面凛冽的寒风吹在脸上，透过脖子灌倒身体里，凉飕飕的。我哆哆嗦嗦给妈妈发了一条短信："英语考砸了。"

妈妈很快回复我："考完就完了，不要想结果，快去吃饭吧！"还附加了一个可爱的表情。看到妈妈发来的短信，我的心里稍微松快了一些。一路上听到其他考生都在对下午的英语考试议论纷纷，又释然了一些：看来大家考得都不太理想。

回小旅馆的路上我买了两根暖烘烘的烤地瓜当晚饭，实在是担心肠胃炎再犯，不敢乱吃。天气很冷，我把空调开到最高，抱着被子复习，没想到却睡着了，醒来已是夜里八点多，地瓜都凉了……赶紧起来洗把脸，准备第二天的专业课考试。

第二天的考试还算顺利，一直写到手抽筋，老师收试卷才停笔。那个教室里除了我们以外，两边坐的都是考数学的考生，每个人都带着计算器，时不时噼里啪啦一顿按，教室里充满着写字的沙沙声和计算机的啪啪声。

印象很深的是，考完英语以后第二天教室里的空位更多了，很多人弃考，其中有一个还是我认识的研友。其实当时我也觉得自己的英语一定挂了，但却没有想过真的放弃。

现在看来，坚持到底是最正确的选择。

不知是因为考试两天加起来只睡了不到 7 个小时，还是因为吹了凉风，考完试回家第二天我便重感冒病倒了，拖了一个月才见好。虽然身体很难受，心里却万分庆幸——幸亏没赶在考试的时候生病掉链子！

险些错过复试通知

考完以后是漫长的等待。

好不容易熬到查询初试成绩的那天,凌晨1点服务器被挤爆了,根本点进不去。那个时候谁能睡得着呢?索性坐起来不断刷新页面,刷啊刷——忽然,页面就弹出了成绩。我差点从床上蹦起来,过线了!英语竟然也过院线了!总分还高出往年的录取分数线十分!

复试应该没有问题了。

于是我又开始了"两耳不闻窗外事"的复习状态,手机始终静音。

一天下午,复习中途,我忽然想起来拿出手机,一看,好多未接来电,全都是我妈打来的,这是怎么了?刚准备回电话结果我妈又打过来了,我还没说话,妈妈就一头训来:"你一天天拿个手机干嘛?电话不接,短信不回,赶紧给你老师回个电话,号码给你发过去了。"

我奇怪地问:"老师?我哪个老师啊?"

妈妈着急挂了电话,于是我顺着她发来的电话号码试探性回拨了一个。

"喂,您好,请问是您刚给我拨过电话吗?"

"刘一诺同学你好,这里是东北大学研究生院 xxxxxx……"

我的内心:???!!!

复试通知啊!自己竟然如此懵,糗大了……接下来,不管电话那头老师说什么我都一个劲地回答"好的好的",最后没忘对未接到电话表示一番歉意，很担心给老师留下了不好印象，幸亏那位老师人非常好，声音也十分温柔。

可是，对于复试，我的心里还是七上八下的，主要还是因为英语，于是用心准备了英文版的自我介绍。当时正好赶上回母校拿本科的学位证，我便将自己写好的英文自我介绍一起带去了。那天中午，英语老师刚好下课，我已在门口等待很久，想让老师帮我看一下英文自我介绍，提点建议。老师教过的学生太多，时间又过去很久，她并不记得我，可是一听到这份自我介绍是考研复试要用，她不仅给了我建议，还一句一句上手帮我做了修改，真的非常感谢她！

三月开春，沈阳的春天迟迟没有到来。复试完的当天，从教学楼里走出来的时候天空又飘起雪花。我抬起头，让雪花落到脸上，轻轻告诉自己：这次，不管结果怎么样，我都会安心接受。

后来，看到录取名单上赫然出现自己的名字时，眼泪竟夺眶而出。录取通知书寄到家以后，每天我都把它拿出来反复看，反复摸，直到自己熟悉那张纸上的每一句话，每一个标点，每一个图案，每一个细节，这才相信自己是真的考研"上岸"了。

像做了一个长长的、曲折的梦。

或许，我的故事容易被人打上"专科考研""考研恋爱脑"一类的标签。其实写回忆的时候我也犹豫过，那段失败的恋爱经历到底要不要写，后来发现，如果没有当初那段糊涂的岁月，就不会有后来坚定的我。**某种程度上来说，人走过的弯路，都是必经之路。**所以我决定坦诚地把一切记录下来，因为它是真实的故事，真实的人生。

或许，在所有考研分享者里，我是学历起点最低、命途最多舛的一位，**但不管情况有多糟糕，人都是能扛过去的。**我的故事就是为了证明一句话：**人生，三分天注定，七分靠打拼。**

最后，想将一部日剧里面特别"燃"的台词送给你——"就算头破血流又有什么关系呢，比起因为没去争取而后悔莫及要好多了！"

有梦，就要去追呀！

网瘾少年的"上岸"之旅：
奋起，则必将成功！

讲述人：刘志豪
本科济南大学，2018 级上海交通大学凯原法学院法律硕士。

回想备考的日子，有一句话十分契合当时的心态，也是我考研路上的信念所在：桂冠上的飘带，不是用天才纤维捻制而成，而是用痛苦、磨难的丝缕纺织而来。

——本文作者

谁都想不到，一个曾经混迹于学校附近网吧的学渣男孩，竟然考上了研究生。

我的考研故事，分成六段回忆讲给你听。

我在网吧打游戏，别人帮我查成绩

考研出分的那天，我正在网吧"酣战"，直到最好的朋友阿川在我不经意的时候将成绩发了过来。看到"364"的一瞬，我有点发愣，没反应过来这串数字的意思，但一眨眼工夫我就明白了：这是成绩！这是我的考研初试成绩！

我在心里惊呼一声。这个分数足以让我踏上接下来的复试之路。

听上去我是个挺"没心没肺"的人吧——成绩公布当天竟然在打游戏？也太不上心了吧！

恰恰相反。

不是不上心，是太上心；

不是故意不查成绩，是不敢查成绩。

没人知道，像我这样一个"学渣"是如何走到如今这一步的。

初试两个夜晚复习到崩溃大哭；进入考场的时候我紧张得文具都没拿出来；政治考试时我连大题答案都写错位置；每考完一场我都觉得希望更加渺茫，一度想要弃考；平日总标榜自己是个"铁血男儿"，一副什么都能扛得住的样子，但考研那段日子我却像小女人一样多愁善感、敏感脆弱。

或许是前期背负的太多，或许是太在意结果，初试结束以后我在心里不断告诫自己：你的成绩在试卷上交的一瞬就已经决定了，现在不管你做什么、想什么都无法改变现实，不要因为无法改变的事而耽误接下来的生活。

于是，我尽情享受着短暂的狂欢，戴上耳机打起游戏，让感官充斥着画面和嘈杂，只是为了找事情转移自己的注意力，这就有了"我在网吧打游戏，别人帮我查成绩"的一幕。

知道成绩以后，我摘下耳机走出了网吧，天气清冽，月朗星疏，我围着家附近的公园溜达，走了多少圈不记得，脑子里空空如也。好久好久都没有这样完全放松下来了，抬头看天上的星星，星光是那么亮，那么温暖，仿佛将我自己的影子也照亮了。

风，起于一颗想要复苏的心

我的考研轨迹，是一个找回初心的圆。

在我成长的地方学霸多的是，从小到大，邻居家的孩子不是考上北大清华，就是厦大暨大，而我只是一个特别普通的孩子，家庭聚会里最经常听到的一句话就是"这孩子不是读书那块料"。小学到初中，父母从来不强求我考试要考全班前几，似乎对我平淡无奇的表现习惯了；进入高中，家人和老师对我的期待也就是能"尽力而为"考个二本就行。

印象最深的是，高三上学期，我得知父亲已经在奔走于不同"熟人"之间帮我提前找关系的时候，一股深深的屈辱感刺痛了我。18岁那年我第一次开始思考一个严肃的问题：人活着是为了什么？

为了等别人安排吗？那和牵线木偶有什么区别呢？

我知道父母是爱我的，事事替我操心，不忍心让我遇到一丁点挫折。可是他们并不了解，我的心里一直住着个好胜心很强的男儿，他渴望通过自己的努力证明自己。

于是，高三下学期刚开学，我在心里默默许下"宏图壮志"，为了理想的大学没日没夜地复习，母亲担心我把自己身体折腾坏了。现实很残酷，高考不是靠一股冲刺就能随随便便成功的。理想的院校没有考上，但幸运的是这么一冲刺倒让我冲上一本录取线，有幸进入省内的一所一本院校。我的父母完全喜出望外。

报考专业的时候，我毫不犹豫选择了母校最好的工科专业，名头很响。可哪里知道，这不过是噩梦的开始。

本科第一年起，这个专业就让我学得异常痛苦，每一天都是煎熬。

就这样，我开始打游戏来逃避每天的生活。回想起来，本科四年大部分时间都花在了打游戏上，认识了一群固定打游戏的哥们同学，隔三岔五就半夜翻墙出去打通宵，白天在宿舍睡大觉。要问我有多热爱打游戏？其实没有多喜欢，只是为了尽快熬完眼下的日子。

时光如白驹过隙，大学四年我的成绩在学院从来都是倒数 20%，每当看到其他同学们学得特别起劲，通过努力拿到国家奖学金的时候我真的挺羡慕的。

不是羡慕人家成绩好，而是羡慕他们找到了自己的热爱，可以一往无前，日子过得特别"得劲"。

那种成就感，我只能去游戏里获得，但每次从游戏里退出来的时候，又是一身空虚。浑浑噩噩，无力自拔。

后来，我的生活里出现了另外一条路，那就是出国留学。与家人达成一致后，大三便开始了选择学校和准备申请材料。像一道短暂的光，留学梦照亮了我大三的生活，我幻想自己在环境优美的外国校园里努力学习，挥洒汗水，拼尽全部力量去适应异国他乡的生活。

可是很快，这唯一的希望也破灭了。仅仅相隔一个寒假，家人的态度出现断崖式反转，他们坚决不同意我远赴国外学习。晴天霹雳一般，我又坠入了漫漫虚空，对任何事情都提不起兴趣，心想：毕业以后难道只是找到一份对口工作，顺着命运这么生活下去吗？

三月，我们学院的合作企业来校招生，我在招聘现场捏着自己的简历，茫然四顾地看着招聘岗位上那些无比陌生的工作内容，直到手中的简历被揉得皱巴巴的，我都始终没有迈出求职的那一步。

这时，我才想起自己还有一条路，那就是考研。

我要考研，我要读自己想读的专业，我要去自己想去的城市，我想凭自己的能力重新开始。

于是我选择了当年高考的第一志愿专业：法律；将目标院校锁定在上海——这个我一直心之所向的地方，正式开始了我的考研征程。

实验室里也能"集腋成裘"

我的考研复习始于晚春，天气宜人，阳光和煦，春暖花开。

刚确立目标的我，迫不及待地在网上看了不计其数的经验帖，加了很多个考研交流群，整个人的状态就仿佛游戏里的人物血格满满，浑身充满战斗激情，脑海里情不自禁浮现出收到目标院校"offer"的画面……

当然，一切不过是自我感觉良好。

第一个困难很快来了。

四五月正是专业课的外出实习时间，根本匀不出整块时间备战复习，更别提像很多同学一样早早就坐进自习教室里埋头看书。当时我一天的生活基本都是这样的——

早晨起床，急匆匆赶到实验室处理样品、分析数据；下午又有专业必修课，老师每堂课都要点名，考试成绩与到课率紧密挂钩；到晚上，整个人已是筋疲力尽，实在提不起学习的兴趣。再加上宿舍里几个哥们的一顿招呼，我经常抵挡不住诱惑进入游戏世界中一番酣战，压根不愿去想学习的事。

可是，各种考研群已经每天"滴滴滴"响起来，好像战斗的号角吹响，考研党们不断在群里分享考研形势、真题分析、复习经验、考研班选择……心虚的我都不敢点开看。

尤其是，其中有不少工科生跟我一样的情况——面临着沉重的实习和专业课压力，可是他们竟然能从牙缝里挤出时间读线上的考研班！这让我感到竞争的激烈和严峻。

终于，我也坐不住了。

一天下午，在实验室等待烧制样品的空隙时间，我拿出纸和笔就在实验桌上琢磨起如何复习来。

写写画画中，我对整体考研计划做了一番梳理，确定暑假来临之前的主要目标就是熟悉考研专业课的资料，外加利用碎片时间熟背单词、分析英文长难句，等到暑假期间再进行全面系统的专业课学习。

这样一来，其实任务也不算太重。

就这样，我的碎片化复习悄无声息地开始了——

在外地实习期间，晚上当其他同学都聚在一起聊天、打牌的时候，我便戴着耳塞在屋子里背默单词；当他人抱怨实习条件艰苦，宿舍老旧蚊子多的时候，我不知不觉养成了清晨5点早起读书的习惯；深夜整个宿舍响起鼾声的时候，我利用一天里的最后两个小时再把背诵过的单词和长难句复习一遍。

所谓"集腋成裘、聚沙成塔"，在这两个月的碎片时间中，我利用艾宾浩斯背诵方法将"绿宝书"单词完完全全背了六遍，同时浏览了一遍专业课的书籍和相关视频。对于繁重的专业课，虽然还没有开始特别系统的复习，但已经摸清楚了知识重点和难点了。

小猪是我最好的听众

暑假一到，没有硝烟的战争便在自习室悄然打响。

我们大学的自习室是出了名的一座难求。期末考试还没结束，就有一波又一波的同学带着厚厚的书去占座，等到我赶到时教室里已经被全部占满。

无奈,我只能跑到新校区去找自习室复习,又托人在新校区租了一个学弟的床位。

我们学校的新校区在郊区,生活条件要差许多,但就算是这样,这里的自习室也早被攻占大半,电风扇下面的"豪华座位"已经被占领,剩下只有靠门边的几个位置了。

放下书的一瞬,我抬眼看见黑板上不知是谁用粉笔写下一行字:"冲鸭!"

哭笑不得,这俩字真是既可爱又豪迈。

更可爱的事情还在后面,前面说了我们学校的新校区处于郊区,自习室后面就是个农家院子,院里不知谁圈养了几只小猪。谁能想到,在我灰暗的复习岁月中最可爱鲜亮的颜色就是这些小猪崽们。

清晨,草草嚼下几块饼干,我就来到自习室的后院背书。在我的四周,天幕逐渐变得灰蓝,浅红的朝霞若隐若现,眼前便是几只房东圈养的小猪兄弟。它们每天醒得比我还早,睡得比我还晚。每天晚上当我从自习室出来时,还能听到它们对我打招呼的哼唧声,好像已经认识我似的。

有时候复习到精疲力竭的时候,我便忍不住将小猪们当作自己的听众,想象着它们能够听得懂我口中的"碎碎念",仿佛这些知识也能够深入"猪心",想到这里总忍不住会心一笑。

晨读之后,坐在自习室开始一天的学习,每一天都被高强度的学习蹂躏着。不知道谁说过一句话叫做"**跨越焦虑的通道,就是让自己**

没时间焦虑。"当时我确实也是这样做的，总觉得如果自己的时间安排得足够满，就不会焦虑难耐。于是，我每天从早上七点学习到凌晨一点，午休、晚休各一小时，中间如果累了便会不定时地小憩五到十分钟。

但困难还是接踵而至——每每看到难以理解的法律概念或者遇到云里雾里的习题时，又联想到自己的专业课进度太慢以致于政治五花八门的理论、概念还没有开始背诵，真是有种火烧火燎百爪挠心的感觉。

此外，中午顶着夏季的高温外出吃饭也是一种煎熬。自习室地处郊区，食堂也关门了，周围只有一、两家菜色一般的快餐店，饭菜口味比学校食堂的大锅菜差多了，每天中午吃着盒饭的我身上汗流浃背，嘴中味同嚼蜡。

我的内心好像酝酿着一场积郁已久的雷暴雨，无法释放。每当憋闷难熬的时候，我就会来到后院，和小猪抱怨一下自己的压力，问上几个没有答案的问题。看着它们圆溜溜的黑眼睛，荡来荡去的小尾巴，内心好像也被稍稍治愈了一些。

暑假就这样过去了。

"你又不是读书这块料"

秋天，意味着考研来到了冲刺阶段。

九月的清晨，暑气未散，开学之后我又回到原校区。每日在图书馆学习，环境是好了很多，但由于位置不固定，清晨都要排队进图书馆抢占位置，如果稍微晚到会儿就抢不到位置，一整天的学习便会在焦躁的情绪中开始。

深秋以后，天气渐渐凉起来，清晨的背诵也变得愈加困难——在暖和的图书馆大厅里背诵，困意会如排山倒海般袭来，效率十分低下；在室外，就只能一边跺脚取暖、擦着鼻子，一边托着又厚又重专业书背诵，看着呼气在面前凝成白雾，大脑中的知识仿佛也随之消散、一片空白。

有一次，我坐在石凳上背书竟然直接睡了过去。

印象很深，每天早上在图书馆楼道背单词的同学有很多，明明已经很小声了，图书馆办公室的老师还是走出来无奈地挥挥手，朝我们说：同学们，默读，默读……

一直以来我都坚持着复习到凌晨 1 点的习惯，于是宿舍 12 点的门禁时间让我不得不另辟蹊径，上演一幕幕"越狱"戏码，半夜从一楼阳台爬进宿舍。

有时候，正面遇到曾经和自己一起打游戏的那帮哥们，他们刚准备爬窗户出去网吧打游戏。

我过去是他们当中打游戏打得最凶的一分子，可以说是领头人吧。刚开始复习考研的时候，我在宿舍里看书，一些人打游戏的时候仍会喊我加入，见我不搭理，还会起哄说："哎哟，你这成绩经常倒数的，算了啦！本来又不是那块料！"

我假装没听见，或者尽量走出宿舍看书。

后来，我复习进入最难挨的阶段，一次正头昏脑涨，他们又聚堆窝在宿舍里打游戏，一伙人"打打杀杀"声音特别大，我闷声喊了声"声音小点行不行？"正好碰上他们这一队被对方"干掉"，也在气头冒火上，回头就顶我一句"看什么书啊，说了不是那块料，拼个啥？拼了也白拼！"

我头"嗡"地一响，所有血液都往脑子里冲，一下子把书砸到地上，要冲过去打架，但被室友拉住了，无奈只能夺门而出，眼泪一下子就流了出来。

如今两方相遇，也是面面相觑。

他们朝我打了个招呼，说："考完了来找我们玩啊！"

我也只能对他们点点头，苦涩一笑。

我想我已经习惯了。

有人说，考研就是无数次信心被击碎，又无数次蹲下拾起，再默默粘好的过程。

是啊，碎掉的时候回头看看走过的来路，想象一下自己到底想成为哪种人，然后继续走下去吧。

两天消耗一盒润喉糖

秋去冬又来,时间从指尖流过。

一天我在清晨醒来,匆忙洗漱完毕带着书走出宿舍推开大门时,惊奇地发现:济南下雪了。楼道坪、门口一辆辆整齐的自行车、教学楼破旧的楼顶、树上、草地上、花坛所有能看见的地方都被覆上了厚重的银色白雪,空中大朵的雪花还在洋洋洒洒地落下来。我没有上楼拿伞,用书顶在脑袋上就冲了出去,冲进如童话般的银色世界。

考研最后的日子并不如童话般美好,恰恰相反,我已经抵达极限,整个人的状态就像上最紧的发条,再多用一点力就要绷断。

十月份,我开始做真题,每天刷一套,时间节奏完全模拟考场。为了不浪费试卷,于是把答案写在本子上,写完再对答案,分析错题,把每道题错误的原因标记出来;

十一月,二刷真题,这次直接在试卷上做,做完对照之前本子上的答案,有时候发现错的地方竟然和之前一样,真的想狠狠抽自己一巴掌……

最后一个月,大部分时间都在疯狂背诵,背到嗓子发哑,好了又哑,嗓子在这期间没有痊愈过,一直处于沙哑状态,常备的润喉片也是以两天一盒的速度消耗着。

这期间急火攻心,得了口腔溃疡不得不一直喝粥(我最讨厌喝粥),整个人瘦了足足 5 斤。

就这样坚持到考试前一天，我已经把英语真题反复做了三遍，模拟题干掉 15 套，专业课厚厚的几本笔记都摸破，完成了最后的冲刺总结与练习，政治红宝书看了好几遍，大题来来回回背到滚瓜烂熟。

就算如此，考试那两天仍然是一片兵荒马乱——

英语交卷的时候，我的信心已经被削去一大半；专业课考试，因为题量很大，时间掌握不到位，硬着头皮狂写三个小时却还没完全答完。

考完那天，我懊恼地奔回宿舍，一个人缩在床上发呆，我一直咬着嘴唇，告诉自己男儿有泪不轻弹。也不知道待了多久，外面天黑了下来，手机响起来，黑暗中我接通电话——

"志豪，今天考完了吧？你的电话一直没开机。"

我心烦意乱敷衍地回答几句，根本没想电话那头是谁。

"没事吧？你嗓子哑了。"过了很久，电话那边的人说。

这时我才意识到是最好的朋友阿川打来的，我因为考研，他南下找工作实习，两人已经很久没有联络。我想对他说"没事"，但眼泪终究不争气地掉下来，心中那场憋了太久的雷暴雨终于哗啦啦落下，手机也随着眼泪掉落在地。

我没有去捡手机，而是继续蜷在角落，断断续续地听到阿川在电话那头说："考完就好了，别想那么多，你现在要做的就是赶快出来放松自己……"

我点点头，用力"嗯！"了一声。

"出来吧志豪，我回学校了，老地方吃饭，我请你！"

那天夜里，我们聊了很久很久。

尾 声

后来的故事你也知道了，阿川帮我查到初试成绩。

出乎意料的成绩。说实话，我都没有想过自己能考出这样的分数。

但是，一旦让我拿到这张登船的船票，就绝不允许自己下去。又是将近一个月的不眠不休，我拼了命地准备复试，最后顺利进入上海交大的校园学习。

写下这篇文章，其实我最想和你分享的是一种心情——

如果你也曾被人看扁，

如果你也曾让自己失望，

如果你也像我一样渴望拥有"重来一次"的机会，

那就去拼一把。

回望这段经历，真的没有什么出彩的地方，就是一个普通人的考研之路——我不是学霸；开始备考时也没有专业基础，英语也只是停留在六级勉强通过的水平；我更不是什么意志坚定的斗士，一度懦弱到连初试分数都不敢查；我曾经在网络游戏里迷失自己……

考研对我来说不仅仅是一场考试，它更像是一根拐棍，带我从迷雾中一点点走出来，我攻克了它，它也驯服了我。

其实，生活的困顿无处不在，没有人一帆风顺，只是有些人接受了困顿，任其埋没，有些人选择挣扎劈开它，走出一片新天地，正是这种态度决定了人和人的不同。

法国存在主义哲学家萨特说过一句话：**是懦夫把自己变成懦夫，生活的意义是英雄把自己变成英雄。**

祝你，成为自己的英雄。

笨鸟"上岸"首师大：
我的考研，从抄书开始

讲述人：张钊颖
本科中国劳动关系学院，2019 级首都师范大学研究生。

> 上帝为我开了两扇窗，一扇高，一扇低，我选择了爬那扇高的。
>
> ——本文作者

北京的冬天又干又冷，昼短夜长。

考试那两天，我的大脑里好像住着一个忐忑的幽灵。

将试卷封住，我的手指感到发麻，深呼出一口气，告诉自己考完了，可以暂时放松了。心却无法松懈，无法踏实。

走出考场，天色已暗，北方落日的余晖斜斜照射在疲惫的身上，将我的影子拉得长长。回到宿舍，没有吃饭，我一口气睡了整整 15 个小时。

时光流转，如今研究生生活已过大半，每到冬日黄昏，行走在寒风凛冽的校园里，那种指尖发麻，如梦一般的感觉还是会涌现出来，提醒着我那段难忘的岁月。

蜜月期：决定采用最"笨"的复习办法

本科录取通知书下来的那天，我就知道四年以后有一场叫作"考研"的硬仗要打。我的高考成绩不太理想，因为各方面原因又滑档了，专业也不尽如人意，考研是唯一能弥补高考遗憾的机会。

因此，我的复习开始得比大部分人都早。大三刚开学，我就已经乖乖坐在图书馆里抱着专业书啃了。

我很清楚，自己的复习优势就在于时间充裕。

作为跨专业考生，我自然而然将赢的希望寄托在"依靠数量战胜质量"的幻想中，以为自己时间多，可以扎扎实实学。很明显，刚"下水"的我还处于考研的蜜月期阶段。

于是我乐观地选择了一种非常笨拙的复习方法，那就是抄书。

之所以抄书，一方面因为我在学习上自认为是"慢热分子"，记忆力一般，依靠突击背诵效果往往很差；另一方面，隔行如隔山，毕竟跨专业考研，想着还是把基础打牢比较好，有助于加深对于政治学专业的透彻理解。所以，选择抄书这种复习方法也有一定道理。

在所有人眼里，我的考研是一场不可思议的苦行，就跟这种"憨憨"的方法有关。

具体做法，就是每天先通读一遍今日份要复习的内容，有个大体印象，再从书里划出重点，然后将它抄下来。毕竟，当你抄完一本书，成就感自然不用多说，再回过头翻看笔记本时，脑中也自然会回想起书中有关章节的内容，久而久之对知识结构会有整体的理解。

就这样，时间一溜烟就到了大三下学期，差不多一年时间里我用抄书的方式将专业课从框架到内容做了三遍不同角度的梳理，完成了一个巨大的工程。尤其当我梳理完最后一遍书的时候，真恨不得马上考试，脑海里涌现出收到录取电话的兴奋画面。

可是，大三升大四的那年暑假，考研第二个阶段——深水期来了。

深水期：克服心魔的攻坚战

考研就像涉过一条漫长的河流，越走越远，你越发感受到水下暗流汹涌的压力，问题纷纷暴露出来。

或许是前期的抄书准备让我有了蜜汁自信，或许是骨子里的懒癌发作，又或许是前面用力过猛，总之那个暑假我忽然"懒"掉了——

在家，我先是以写了十几篇期末论文累到短路的大脑需要休息为理由在床上躺了三天；又以游泳卡办了不去浪费为名在泳池泡了整整一周；期间还夹杂着呼朋唤友的各种聚会、天气太热身体太乏不愿起身学习等各种理由，等我再次捧起桌上的专业书时，我竟然摸到了一层薄薄的灰尘！

古人云：夫战，勇气也。一股作战，再而衰，三而竭。

很明显，我这么中间一懈，暑假过去一半，问题全暴露出来了。

拿起书的时候，心里有种隐隐的担心，但还是安慰自己：毕竟通过那么笨拙的方法扎扎实实把书过了几遍，怎么也不会太容易遗忘吧……结果，当我打开"尘封"专业书，惊愕地发现：我对书中内容已经满眼的陌生感了！

这怎么可能呢？

那一刻我真恨不得把那四本厚厚的大书吃下去，如果吸收知识能够像吃饭一样简单就好了！过去一年抄书积累的自信，在那个瞬间全线溃败，现实狠狠给了我一个耳光！

当时家里没人，我恼怒地把杯子砸到地板开了花，又将书和抄写的本子一股脑扔到墙上，书本摊开散落一地，像张开血盆大口似的上面密密麻麻的标记和文字都在盯着我、嘲弄我。我像个疯子坐在地上，抓起本子想撕掉，却又不甘心，只能放声大哭。

眼泪还没干，我就又站起来一点点把东西捡回来，整齐摆在桌子上，重新打开电脑，对着考虫暑假班的课表，列出了一个新的暑假复习计划。

自那以后，我强制让自己进入到"军事化行动"的状态——

生活变得致密而紧凑，每天早上起床第一件事就是在手机上预约好学校图书馆的座位，用最快时间洗漱完毕，掐点赶在预约时间抵达座位，放好书，去食堂吃早饭买咖啡，然后带着咖啡和书到图书馆走廊的第三格窗户边背书。抬头看一眼隔壁窗口正在背书的法学专业研友，两人交换个眼神作为打招呼。整座图书馆每一扇窗户边都守着个考研人，走廊里响彻着轻轻的背书声。背书结束以后，回到座位上打开电脑上考虫课程，中午 12:40 准时去食堂，错过用餐高峰期菜都凉了，可是新盛出来的米饭还是热的，便凑合地拌到一起吃了。

图书馆，每个人都和我一样，素面无妆，头发高高地绑成一个髻，穿着最简单最舒服的衣服，桌子上左边一个大水杯，右边一摞书，人埋在高高的书本中，偶尔抬头你才能看到旁边考研人的脸。整个下午，图书馆里不时飘出若隐若现的咖啡味。

每个周三和周日的傍晚是我的锻炼时间，不管状态如何都会抽出半个小时跑步＋半个小时散步，让自己大汗淋漓一场，洗个澡再回图书馆继续看书。晚上图书馆关门以后回到宿舍继续学习，直到 12 点准时戴好耳塞睡觉。

随着复习进入正规化，我的心情恢复过来，那次崩溃带来的压力，让我一个暑假胖了将近 10 斤，随后体重也慢慢恢复正常。

过了大半个暑假，虽然内容忘了不少，幸亏知识框架还顽强留在我的脑子里，这也给了我一剂强心针——每当复习中遇到一些熟悉的词汇和题目，总有种故人重逢的感觉，让我激动不已，便更加珍惜复习的每分每秒了。

毕竟，遗忘是那么容易，铭记则那么难。

不管怎样，我的考研深水期算是平稳度过了，接下来最关键的冲刺时期到了。

煎熬期：直面心魔

考研最大的困难，其实来自人的"心魔"。

进入到复习的最后阶段，日复一日的跋涉将人的意志磨得很薄弱——书背了很多遍，却还有不少漏洞；真题都啃完，却还在相似问题上犯错；身心俱疲，看书吧效率不高，休息吧忐忑不安；心中偶尔冒出放弃的想法。

距离考研只剩下两个月的时候，我陆陆续续发现很多人想要放弃了。**可是，对走到考研这一步的人来说，就连放弃这件事都是困难的。**

大部分考研人是做不到说放弃就放弃的，他们的放弃方式是三天打鱼两天晒网，将脑子里那根弦松掉，像温水煮青蛙一样慢慢放弃。

我看得出他们内心其实很纠结很痛苦。

走到这个阶段，我想没有人是不煎熬的。对我来说，一个明显的征兆就是进入复习状态的速度越来越慢。最开始每天屁股一挨到座位就能心无旁骛地进入书本，到最后的两个月，经常打开书半天都看不进去，只能站起身来泡个咖啡，收拾收拾桌子，到窗口深呼吸几口或者做几个拉伸，然后一边给自己做些心理建设工作，再慢慢静下心来看书。最后一个月，我的复习进入模拟测试阶段，有时候答题的成绩和自己预想的差距很大，那种失败感像海啸一样排山倒海把我整个人击得粉碎。

而这还不是最难受的。

我有一个关系很好的死党,在我考研的时候她正在不断为找工作而奔波:准备简历,参加一个又一个面试,却总是因为各种原因而求职失败,一直没有找到想要的工作。那时候我们经常像"破产姐妹"一样抱头痛哭,互相倾诉。有一次她对我说,早知道工作这么难找,当初还不如参加考研。后来,考研备战进入白热化,我全面封闭,她继续求职奔波,我们暂时中断了联络。一直到考研前半个月,她给我发来一条好消息:终于找到梦寐以求的工作啦!那是一家世界五百强公司,工作地点在北京,有户口,试用期的工资也非常可观。

我知道自己应该为她感到高兴,可当时正好是我复习到最焦灼的阶段,模拟考试的成绩迟迟突破不了瓶颈,这个消息让我整个人都酸酸的,非常苦涩,脑海里不断地想:如果我考研失败会怎么样?如果当初不考研,去求职面试的话我也一定可以找到一份心仪的工作啊!苦闷的情绪像乌云一样盘旋在我的头顶,搅乱着我,让我迟迟无法静下心来学习。

那天是周五,我照例每周和家里打一次电话,电话里装作自己一切正常。都说"知女莫若母",母亲仿佛听出我内心的落寞和犹豫,聊着聊着,忽然说了一句:**"你就安心考吧,不然将来一定会后悔的。"**

这句话把我点醒,脑海中立即浮现出种种画面:如果拼尽全力,考研还是失败,我会非常痛苦;但如果因为自己的原因放弃了考研,我一定一定会非常后悔。

从那以后,我再没有想过求职的事情,我认定自己就是一个"赌徒"——我已经下了赌注,选择了我的道路。

　　最后半个月，我给自己重新制定了一份刷真题的"密集计划"——每天 6 点起床，先背诵两篇英语范文，然后背诵英语单词。8 点吃完早饭开始做一套真题，模拟考研的时间一直做到 11 点，接着花 1 小时对答案，估分数，整理错题。下午 1 点 30 分继续做另一套真题，4 点 30 分做完，再花 1 小时对答案，整理错题。晚上再将白天做错的真题全部拿出来深入分析，直到完全消化，确保自己不会再错类似题目，再研究 1 个小时英语作文范文，睡前背诵 2—3 道整治大题，12 点准时睡觉。第二天依此类推继续，每天如此。

　　最后这半个月可以说是我的"巅峰时刻"——除了吃饭睡觉上厕所，所有时间都用来学习，有时候好几天没洗澡都会忘记，直到朋友说"你的头发好油哦！"洗头发的时候连护发素都懒得用，只希望能快点解决了事；早上套上毛衣外套就出门，毛衣的袖口在桌子上磨得脏兮兮的也懒得管……整个人像钉在座位上似的，跟乞丐一样蓬头垢面，现在想想真是有些脏兮兮的。那 15 天里我系统地刷完了所有真题，又做了大量模拟试卷，错题集和范文本整理出了整整三个大本子。直到现在，我的手机里还留着那张照片——宿舍窗台边堆着一叠高高的书本试卷，连窗外阳光都挡住了一半。

　　后来，毕业前夕参加母校的考研交流会，很多学弟学妹听完我这段描述都说"太辛苦了"。但真心讲，作为当事人，回想起来的时候我竟然没觉得有多苦，反而沉浸在一种"学红了眼"的快感里，每干掉一道错题，就好像杀掉一个敌军，回想起来倒是非常过瘾。

　　当你倾情投入一件事情的时候，其实是意识不到自己有多苦的。

就这样，熬过三个考研阶段，考试终于来了。

考试：不要屈就，我要高攀

其实，直到上考场前一秒，我还是觉得自己没准备好。

我也明白，不管给我多少时间，我可能永远也不会准备好。

只要上了考场，一切就不能回头。记得初试第一天，我紧张得要命，加上早饭不敢吃太饱，就吃了一碗粥外加半个包子，以至于考试中途有些低血糖。实在支撑不住，没办法，我只能向监考老师打了个招呼，跟旁桌女孩"借"了一块巧克力。甜丝丝的巧克力融化在口中，顺着食道滑下去，慢慢抚慰着我的胃，我的心情缓缓放松下来，便一头扎入题海沙沙写起来。

当然，考完以后我并没有机会给那个女孩"还"上巧克力，考完她就匆匆离开了。真的很想借着这个机会衷心地感谢她，希望她也如愿考上心仪的学校。

和初试相比，我的复试要戏剧化很多。

很快就到了二月份查成绩的那天，按理说很多学校会在成绩公布的同一时间提供排名，但是我报考的学校没有。我的初试成绩是350+，国家线虽然过了，但是学校的录取线有没有过，仍然是个未知数。

因此，我揣着成绩仍然是两眼一抹黑的状态，只能继续复习，可是这样的复习根本没有底。尤其当我在微博上查到同专业同学们的分数时，心里更是凉了大半截——好几个学霸截图晒自己 380+ 的成绩，瞬间秒杀我所有希望。

很快，最早的 34 所大学开始公布复试名单，调剂通道也打开了。纠结再三，我决定做两手准备，那就是寻找调剂院校。最终我选择了一个位置在老家、可是着实不算有什么名气的学校作为"备胎"，这个学校政治学专业历年的录取分数都比我的成绩低很多，所以就算第一志愿考不上，这个学校也是稳拿的。

有了这一重"保底"，我复习起来稍稍有了些动力。

可是，戏剧性的时刻来临了。

三月中旬，刚回到学校报到的第一天，我的调剂学校通过了申请，主动联系表示有极大入学可能，于是我愉快地接受了。几天后，我的第一志愿也不声不响地放出复试名单，上面赫然也有我的名字，然而依旧是名次不明，情况不明。

而这两所学校的复试时间，仿佛约好了，都是 2019 年 3 月 31 日。

就这样，上帝给我开了两扇门，一扇高的，一扇低的，但他只允许我选其中一扇。

那天晚上，我人生第一次一夜无眠。未来仿佛如雾中的盘山公路，一圈一圈蜿蜒曲折，迷雾重重，直到天蒙蒙亮，我闭着眼睛，眼前却依次展开三个画面——

第一幅画面，是我站在家乡的调剂大学门口怀念北京生活的样子；

第二幅画面，是我第一志愿复试失败，蹲在家中后悔痛哭的样子；

第三幅画面，则是我拿着理想大学研究生院的录取通知书，站在大学门口踌躇满志的样子……

当我想到第三幅图画的时候，心里已经有了决定。

我按照平日复习时间来到图书馆，在走廊上拨打了调剂学校的电话。我诚恳地感谢了学校的赏识，接着把自己内心的想法和心愿如实告诉了接电话的老师，老师不但没有责怪我，反而在电话里为我加油打气：

"孩子，理解你。既然做出选择，那就一定要好好努力加油！"

挂掉电话，我走回座位，删掉了手机里调剂网页的地址和截图，将手机放在一边，拿起专业书开始复习。

就这样，我拒绝了最后的退路，孤注一掷。

3月29日，我在打印店打印完最终的几份简历，回到宿舍，又过了一遍专业书的知识。3月30日，我完成复试笔记，整理好简历，收拾出一套得体干净的衣服和淡妆需要的化妆品；31日，我踏上了复试的路途。

复试的面试中，只有我一个人了准备简历，没想到这成了复试中的闪光点，可见认真的态度有多么重要！而在专业面试环节，老师们和我聊得太久以致于超过了规定时间，当有的老师不得不提醒必须结束的时候，我站起来向各位导师鞠躬，心里知道，梦想就在眼前了。

可就算稍稍有了些把握，我仍然胆战心惊地等待了四天。四天之后，终于在学校官网上看到了拟录取的名单，我的名字赫然在列。

人生最大的一次"赌",就此尘埃落定。

爬上更高的山顶,世界大不同

直到现在,我还经常和身边的家人朋友讲,当初那个"二选一"的决定是我迄今为止做过最明智的决定。

当眼前有两个选择的时候,我宁愿努力踮脚去够那个更好的,也不要那个更"容易"的。

不得不说,在北京的研究生生活是丰富多彩的,每个同学都那么优秀那么蓬勃,这里有着全国顶尖的学习资源和锻炼机会——

求学十几年,读研究生的我头一回竞选了班长,虽然年龄比班里很多人都小,但是同学们都很信任我;

今年 11 月,我有幸进入人民大会堂,作为国际会议的志愿者,见到了许多驻华大使;

科技博览会上,我有机会参与志愿工作,成为最早看到展览的一员;

平时我不仅是学生,还给外国高中生上政治课,和他们分享中国的思想、中国的文化,也进一步锻炼了我的表达能力……

这一切的一切,都源于当初那个艰苦的开始,也源于那个不留后路的选择。

就在我用键盘敲下这段话的时候，夜已经很深，微信群仍响个不停，同学们还在群里讨论怎样读一本书，怎样做一个既有说服力又深刻的presentation，怎样申请一个重点科研项目……

这是我研究生的生活。我相信，跟着这条路走，未来也一定会越来越宽阔。

我的故事，其实很平凡、很简单，借用白岩松在《痛并快乐着》这本书里的一段话——"一个人的一生中总会遇到这样的时候，一个人的战争。这种时候你的内心已经兵荒马乱天翻地覆了，可是在别人看来你只是比平时沉默了一点，没人会觉得奇怪。这种战争，注定单枪匹马。"

顺着这段话，我想告诉你的是：单枪匹马不可怕，上天从来不会亏待每一个尽全力奔跑的人。此时此刻吃的苦，终会变成光，照亮你前行的路。

普通二本医学生逆袭"985"第一名，我付出了什么？

讲述人：马　莺

本科川北医学院，2018级东南大学公共卫生学院研究生。

很多人说二本是个"照妖镜"——有能力的人必定会从这里考出去，随波逐流的人则只会沦入更加平庸的未来。

考研结束已经一年半了，至今仍时常会想起那个印象深刻的瞬间。那是一个黄昏，天色将暗，我吃完晚饭回到自习室看书，听到走廊有个女孩在跟她的妈妈打电话，女孩哭得撕心裂肺："不考了，打死我也不考了！"

女孩挂掉电话，过了很久才进来，眼睛肿肿的，她坐在我前面。

女孩说下午她做了一套考研真题，发现自己复习的所有东西都忘光了，提起笔来什么也不会。一瞬间，她崩溃了。**她说，那种感觉就好像你好不容易翻过一座山，可不知怎么回事，一眨眼又回到原地，感觉真的很绝望。**

她说她要放弃，不考了。

可是第二天那个女孩又来了，好像昨天的一切没发生过，同样的背影，她仍然像座雕像坐在我前面埋头看书。过了一会，她回头，朝我一笑，目光里充满力量。

那个瞬间,我知道她闯过一关,坚持了下来。我知道我们都会坚持下去。

时间流逝,女孩朝我一笑的瞬间却始终埋藏在我心里,后来遇到困难时我总会想起,女孩的眼神提醒着我:路再难走,也要坚持。

后知后觉的开始

有人说,考研过程中分为三类人:先知先觉,不知不觉,后知后觉。

我想我就属于第三种——后知后觉。

我的故事,始于一段平凡的人生。

我的高考是一场失败,胜利者都是在眼花缭乱的大城市之间做着关于未来的梦,我的未来只有两条路,要么留在南京上一所普通师范院校,要么去四川就读一所二本医学院。父亲觉得学医更有利于就业,于是我便背着行囊来到了千里之外的四川。

在我的本科生涯中,听得最多的一句话就是"反正都要考研的"。

是的,在医学生的世界里,不考研就相当于没有出路。别说研究生,博士如今都一抓一大把。听得多了,考研也就成了我人生中一件理所当然的事情。

不过,一件事能不能做成,关键在于它是否是出于你自己的意志,

而不是随波逐流。很多人说二本是个"照妖镜"——有能力的人必定会从这里考出去，随波逐流的人只会沦落愈加平庸的未来。

很长一段时间，我都是个习惯随波逐流的人，学习成绩不上不下，性格不叛逆也不聪明，大学同宿舍的女孩一个礼拜通宵突击考出来的成绩都比我一个学期正常听课的分数要高。大学过去一大半，我一次奖学金也没拿过，光鲜的社团活动也甚少参加，每天除了上课就是宅在宿舍看看电影，逛逛淘宝，日子不温不火地过，心里却隐隐感到一种不安：**仿佛被人判了一个叫作"平庸"的无期徒刑。**

每当想追求什么美好事物时，心里总有个声音响起：算了吧，别好高骛远了。

考研这件事我也没有深入考虑过，一直到大四，身边同学们都开始准备起来，买考研资料、研究学校、制定计划，一切都那么顺理成章，我好像被一桶凉水浇醒：原来所有人都知道要考研，而且很清楚要考哪所大学，目标院校还都很高。就连宿舍里那个考前临时抱佛脚的女孩也跟变了个人似的上足发条开始复习考研，我才意识到大家都铆足一股劲，想要通过考研改变生活，从这里考出去。

后知后觉的我，终于行动起来。

身为一个二本学校的孩子，考研挑选学校的时候心里怯生生的——随便哪一所"211""985"都那么优秀，都离我那么遥远，心底的自卑让我纠结不已。我在"听说好考的""听起来很有排面的""能让我回家乡的"几种想法中来来回回，无法下定决心。

现在想来，恐怕因为当时没有自信，无法确定自己真正的需要，于是凭着本能，我决定先进入复习状态，毕竟初试科目都是重合的，等复习上了轨道再去确定目标院校。

就这样，属于我的考研之路，开始了。

当考研撞上实习

复习开始以后，本能的"求生欲"让我在网上疯狂查阅各种考研经验帖，搜来搜去五花八门，经常一看就是一下午。有时候跟着别人的经验帖顺完整个考研流程，总有一种自己已经考上了的错觉，再看日历，猛被现实浇醒——前方还有一年多的漫漫长征路呢，只能靠自己一步步亲自趟过去。

也许是前期的纠结浪费了一些时间，也许是周围同学们的复习热火朝天，也许是发现自己疯狂背单词却没有太多效果，渐渐地我开始急躁起来，焦虑、怀疑、恐惧接踵而来，于是病急乱投医的我采取了激进的复习方法，我决定将网上能找到的学习方法都短暂尝试一下，看看哪种效果能有"特效"。在不断切换学习方法的情况下，我的学习状态不仅没有好转，反而越来越糟，复习效率也比之前更低了——

当我将三门专业课的课本匆匆过完第一遍，时间已经悄然过去三个月。

更让人绝望的是，大学最后一个暑假翩然而至，这意味着专业实习开始了，对于我的复习来说简直是雪上加霜。

正是从这个时候起，我才明白"考研"这两个字背后所包含的沉重。

第二天我便去学校附近的理发店将留了好几年的齐腰长发"咔嚓"剪掉，扎起来只剩一个小把儿，整个人感觉轻松了很多。紧接着，"从头开始"的我回到教室，给自己重新排了一个翔实密集的复习计划，确定好每一天看书的时间节点和具体内容，从早上起床开始就严格执行一整天的计划。

专业实习的时候，现在回想起来真的很感谢实习单位的老师。当时单位有大量医学问卷需要我将它们录入电脑数据库，老师们总是对我说："没关系，能录多少录多少，不要有压力，每天还是留点时间看书准备考研。"面对老师的体谅，我的心里非常感动，但老师们不知道的是，其实每天录问卷的时刻是我大脑难得的放空时光——只需要机械录入，不需要动脑筋记忆和背题——多么难得的喘息！

每天下班从实习单位回家的公交车上，则是我和闺蜜（她也在考研）互相抽查学习成果的时刻。

"我今天看了 XXX 书的 XXX 章节，晚上打算啃完 XXX 的部分。"

"那你复述一下 AA 对 BB 的影响是什么？"

"让我想一下……"

想了半天，脑子却卡壳了。车厢十分拥挤，但我实在忍受不了自己背过就忘，强迫症似的踉踉跄跄地从包里翻出书本，一定找到对应的地方重新记忆，直到再次背下来才安心。

实际情况就是这样——虽然学习计划上了正轨，却仍免不了背过就忘的问题，时常拿到题目就有这样一种崩溃时刻："这题好眼熟啊，但……具体要怎么答来着？"

因此，每天在公交车上便是我和闺蜜的"找虐"时光，被问到答不上来的题目，一开始很着急，对自己很生气，后来习惯了反而学会了自我安慰："挺好的，又找到个知识漏洞，这次背下来下次就一定不会忘了！"

那段时间，我明白了一个重要的道理，那就是——**比焦虑更重要的是行动，比发现问题更重要的是解决问题。**

在回忆中诉说的事情，听上去总是轻巧，但考研的苦没人能逃得过，每个考研人都得从这片"苦海"生生趟过。

时间一晃就到了十月底，思前想后，我还是决定向实习单位请假，回学校专心复习。实习单位虽然同意了，但是学校辅导员并不知道，按照规章制度，学生们是不可以提前结束实习返回学校的。于是我收拾完东西从南京回到四川，开始了在学校里躲躲藏藏"打游击"复习的日子。

画面是很好笑的——每天往返自习室的路上都好像在做贼，头垂得低低的，走路灰溜溜的，心里不断敲着小鼓：千万千万别遇到辅导员或者某位任课老师，要是认出我那可就尴尬了……不止是我，后来我发现越来越多的同学都选择了请假，悄悄返校，于是大家见面的时候都心照不宣地偷笑，好像游击队碰头似的，大家总能想出各种适合躲起来背书的地方，总能找到各种适合藏书的角落，现在想起来真觉得挺逗的。

不过好玩归好玩，一个很明显的变化是，每个人回来以后都比之前刻苦多了。那段时间我的胃口总是出奇的好，每天早上要在食堂吃掉一笼蒸饺，一个鸡蛋，还要打包一个包子加一杯豆浆在自习室门口排队等图书馆开门的时候站着吃。四川的深秋，清晨凉风习习，我就这样一边捧着早饭，一边背着作文，站在长长队伍里等着开门。

图书馆的自习室每天晚上九点半锁门，同学们大多会回宿舍继续看书。人走出教室，大脑却没有休息，一直在用不出声的方式默默背诵——不管是走路的时候，洗手的时候，刷牙洗脸、洗澡洗头的时候，甚至睡觉前躺在床上，只要人没睡着，脑子里就在一遍遍背诵政治大题和英语作文。

说起睡眠，我其实是一个睡眠特别浅的人，很容易就醒。但是考研的中午每天吃完午饭就困得不行，头一趴到桌上就能睡着，耳朵塞着耳机，循环播放着英语复习资料，就算闹钟响也根本吵不醒我，只能拜托邻座的同学掐我的胳膊，用力掐我才能醒过来。

所有人都说考研是一场看不见硝烟的战争，因为考研的战斗不在看得见的地方，而是在看不见的内心。比如白天专心背书，背得好好的呢，时不时就会有些突发的消息跳出来扰乱你的心绪。像是考研的交流群里经常会有"消息灵通人士"放话："XX 学校去年的学硕人数都没有收满，招了好多调剂的学生，今年报这个学校的人肯定稳进！"或是"听说这个学校不会歧视本科'双非'，收分就是国家线水平，而且听说他们硕士培养方式很厉害，出来很好找工作呢！"每当诸如此类的消息弹出来的时候，我的内心难免动摇，因为我填报的学校是南京的一所"985"，而且还是一所双一流学校。

会不会太难了？我忍不住自我怀疑，毕竟我读的本科院校只是岌岌无名的二本院校啊，而且我的本科成绩也十分平庸，没有奖状，没有发表过论文。早知道当初就该多做一些调研和打听，说不定能报一个胜算更大的学校，何必这么硬碰硬地去赌一把呢？

心魔总会一次次袭来，那个内心惴惴、软弱的自己又忍不住跑出来捣乱，严重的时候甚至会想象自己失败以后准备"二战"的情形。每当心情低落的时候，我便拿出耳机听歌，当时手机里存的歌单全都是激情澎湃的风格，一点低沉的音乐都没有，当时循环播放最多的一首就是五月天的《派对动物》。

除了纠结和软弱，还有很多崩溃的时刻，那些时刻的到来总是让人猝不及防——有时候是妈妈电话里一句安慰的话："考不上就再来一年"，有时候是今天的某个名词解释没有答出来，也可能是这天的英语阅读理解多错了两道题，甚至有可能是某个早上睡过了头……许许多多平时看起来没关系的小事，到了考研期间却很容易被放大，像火星掉进火药桶一样，所有的情绪爆发点都指向同一件事，那就是考研的成败。

苦中作乐的"哈士奇"一族

"苦不堪言"的考研生活中有明亮的色调吗？

我想是有的。

考研期间，有些同学拥有宽慰人心的爱情，有些同学得到家人温暖的支持，而我则要感谢和自己并肩作战的好朋友们。现在回想起来还蛮不可思议的，当时为了调整心态，我们几个关系不错的闺蜜兼研友每个星期都会选择一个下午，化个精致的妆，换上好看的衣服，约着一起去市中心大吃大逛一顿。

那时候也会有人在背后讽刺议论我们，说："哟，考研的人还化妆出去玩，真的是'心态好'哦！"

也许，他们无法理解友情和美食的力量——

再苦再累，当吃到香喷喷的美食和甜点的时候，心情都是愉悦的；

再蓬头垢面，当看到打扮得漂亮精神的好友时，心里都是明亮的。

当我们吃开心了，逛开心了，笑啊闹啊筋疲力竭回到宿舍，呼呼大睡一觉以后，第二天又像手机充电满格了似的精力充沛地投入到复习中。

现在，我的时间充裕了，上街吃顿饭逛个街丝毫不算什么难事，不过却很难找回当初那种"偷着乐"的心情了，或许是因为苦中作乐，或许是因为那时正处于生机勃勃的青春期，亦或许是因为有一群互相理解的好友，胆敢在那么紧张的时间里放肆轻松一把，回想起来确实是一段珍贵的回忆。

最有意思的是，我们几个女生都很喜欢哈士奇，觉得哈士奇这种狗狗贱兮兮的，"二"得没有烦恼。于是考研期间我们相约着把自己的微信头像都换成了没心没肺的哈士奇表情，**仿佛换的不是头像，而是终于把心里那只向往自由的哈士奇放出来吹吹风了。**

两天！两天！！

深冬到来，瞥着自习桌上薄薄的台历，我伸手摸了摸剩下的几页，心里明白：最重要的日子要来了。

按照计划，考研大纲规定的每一本书我都已经反反复复背了7遍，不管怎样，我尽了自己最大的努力。**当人尽了百分百努力之后，竟然会获得一种奇迹般的平静。**

初试当天，专业课试卷发下来时，我看到两张薄薄的A4纸上写满了密密麻麻的小字。一想到这些小字竟然将决定我的命运，内心又马上紧张得揪起来。翻起试卷赶紧把所有题目先过一遍，幸好！这些题目都是我熟悉的，没有一道题超出了自己的复习范围，看来那7遍复习没有白费！

可是，整张试卷的题量实在太大，我一边答题，一边发觉太阳穴怦怦怦跳起来，好像有个人在我耳朵旁敲起鼓似的，写字的速度忍不住加快，因为实在担心写不完——如果明明每道题都会，却因为答题速度太慢而没有写完，那可就太冤了！

于是控制不住地，我一边写着这道题的答案，目光就开始瞄向下一道题，同时脑海里还思索起答案来，听上去很神奇吧？我也不知道自己是如何在大脑中同时多线进行这么多道流程的！

于是，整场考试我都在埋头写，写，写，写到脖子都酸了才敢抬起头深呼吸一口气。等写完整张试卷的时候，发现离考试结束竟然还有 15 分钟！内心不禁一阵窃喜，于是利用剩下的时间将试卷前前后后检查了一遍。

我记得考试结束的那个下午，南方冬日阳光还挺灿烂，我坐在靠窗的位子上。当交卷的铃声响起时，心里有些想哭，我觉得那个黄昏格外壮丽。

走出教室，心中升起一股成就感。于是，站在走廊上我趁热将自己刚刚答完的题目都记在小本子上，整理成真题回忆，到家就在网上发了一个考研经验帖，希望能帮助到后来的研友们。

考试结束以后是漫长的等待，好不容易到了可以查分数的当天，我的心里有种说不出来的矛盾。其实初试考完感觉还是不错的，但我**从小到大就有一个神准的"考试定律"，那就是每次当我感觉考得不错的时候，结果经常"翻车"，而每次当我觉得考得很烂的时候，结果竟然都还不错。**

所以，在等待结果的时间里，我的心理状态超级拧巴——明明考得感觉还不错，又不敢承认，潜意识里都在麻痹自己：我考得不行，我考得不行……

众所周知，在学校的研究生院出成绩之前，省教育考试院都会提前公布出成绩。那天，眼睁睁看着时钟一格一格靠近查询分数的时刻，我在家里坐也不是站也不是，整个人因为紧张而微微战栗，实在是待不住了，我告诉妈妈自己要出门散散步。

下楼出了门，我绕着家门口的马路一直往前走，希望能走散掉内心的惶恐和不安。手机屏幕亮了，不敢点开，不敢回复大家的关心和询问，只顾着低头继续疾步向前。一路我从家走到了附近的小学，又走到曾经就读的初中，一直走到小时候和发小们经常一起玩耍的小公园，然后围着公园绕了一圈，不知不觉最后竟然走到了江边。

坐在江岸上的长椅上，我的心终于平静了一些，看着大江的潮水一荡一荡地冲刷着江岸，我深深地呼吸了几口空气：

尽力了吗？

尽力了。

准备好接受这个结果了吗？

我想我准备好了。

静静坐了一会儿，带着稍微平缓的心情我沿原路走回家，妈妈也走进卧室坐到我的床边，虽然她总是安慰我"没关系，大不了再考一年"，但我知道妈妈比我还要关心这次考研的结果。

尽管在江边已经做好心理建设，当真正查询成绩的那一刻，我的手仍像帕金森患者一样剧烈颤抖起来（真的没有夸张），我没有法控制它。输入准考证号、页面加载、跳转成功——

375 分!

看到成绩的那一瞬，眼泪不受控制地奔流而出，我如释重负地瘫在床上。

可是狂喜只是一瞬，下一秒我就陷入了冰山般的恐惧——学校往年的复试线基本都是 370，我的成绩仅仅是过了线而已，要说录取还太早。再说，今年会不会复试线提高？比如提高到 375 分？那我的成绩就悬了！

想到这，我的心又"轰隆隆"像坐过山车一样，失重般掉落下去。

无奈，我只能强装镇静地再多等一个小时，等着学校官网公布排名。

我走出房间，来到阳台上打开窗户，南京这座南方城市很繁华，高楼大厦和烟火街道彼此交错，但眼下的一切仿佛都和我无关，虽然这是我的故乡，此时此刻的我却好像一株浮萍，一朵蒲公英，在风中孤独地飘零，不知道未来会将我带向何处。

一个小时漫长如同一年。终于熬到点，我打开学校的官网，将网页一点一点拉到最后寻找自己的名字……我从原地蹦了起来！

页面上赫然写着：专业排名第一名！

真让我出乎意料！

我可以！我做到了！原来只要努力，平平庸庸的我也可以成为第一名！原来结果是会和努力成正比的！人间是那么美好，那么值得啊！

写在结尾

后来，我以初试第一名的成绩参加复试，顺利进入这所大学就读研究生。

时间一晃一年半过去了，现在让我形容这场考试，**与其说它是一场考试，不如说是一场修行。**

最辛苦、最熬不下去的时候，我猜每个考研人都曾经用力掐着自己的肉说过：这么苦的日子，我打死也不要再过一次了！

但如今回忆的时候，心中想起的是午后醒来自习教室那架老式电风扇在头顶吱吱扭扭刮出的微风，是窗户外响亮整齐的蝉鸣和美到心醉的黄昏，是教室里飘出来的六神花露水味，是座位前面那个女孩雕像般执着的背影和她扭过头对我的微笑……

如果你要问我：那一年的考研考了些什么题？

我真的一道也想不起来了。

记忆会筛掉很多东西，像大浪淘沙，只留下最值得铭记的瞬间，那些瞬间就像沙滩上闪闪发光的贝壳，在人生很多个幽暗的时刻鼓励我继续前行，在午夜梦回的时候让我泪流满面……"考研"这两个字承担的绝不仅仅是那几张试卷，那些密密麻麻的题目，而是两个最重要的词：

一个叫青春，一个叫梦想。

如果你已经动了考研的这个念头，我只想对你说八个字：**一冲到底，**

不要回头。就算是我这般"后知后觉"的人，凭着一股子蛮劲也能奋起直追，冲上彼岸，没有什么可怕的。

我的手机里至今仍存着一首歌，我相信它会一直在我的歌单中，这首歌叫《追梦赤子心》。不管过多久，每当我跟着它唱起来的时候总是会忍不住鼻子发酸。

郑重地，将其中的歌词送给你——

向前跑，迎着冷眼和嘲笑，
生命的广阔不历经磨难怎能感到，
命运它无法让我们跪地求饶，
就算鲜血洒满了怀抱！
继续跑，带着赤子的骄傲，
生命的闪耀不坚持到底怎能看到，
与其苟延残喘不如纵情燃烧吧！

考研险胜全记录：
初试不佳，复试逆袭，我是如何"上岸"北师大的？

讲述人：彭灵雅
本科中国石油大学，2018 级北京师范大学硕士研究生。

天空没有留下翅膀划过的痕迹，但鸟儿却已飞过。

——泰戈尔

人生应该用怎样的方式去度过？

我想很少有人一开始就明确知道自己想要怎样的生活，答案要经过漫长的摸索才会显现出来。也许，忽然有个瞬间你就茅塞顿开、豁然开朗，也可能很长一段时间里你都浑浑噩噩，迟迟没有醒悟。

对我来说，考研就是那样一个倏而清晰的瞬间。

考研，源于想要当老师的梦想

故事要从我本科就读的专业说起。

我本科学的是能源化学工程专业，一般而言毕业以后的方向是冶炼厂或者化工厂。记得去冶炼厂实习的时候，看到工程师们坐在操控台上镇静自若，目光注视仪表的运行就知道炼厂的实际情况怎么样，很有种"挥斥方遒"指挥千军万马的感觉，让我心生羡慕。

但任何工作都是表面上看着轻松，实干起来就没那么简单了。

化工厂大多是三班倒，不仅我的身体扛不住这样的作息节奏，更不想一天到晚整个人都钻在防静电服里做个"套中人"，而且我还有恐高症，以前去山西的悬空寺参观的时候都一路直哆嗦，更别说要爬塔了，心理上承受不了炼厂的工作条件。

那个时候真的很迷惘——虽然学了这个专业，却不知未来可以做什么。

事情的转机发生在我进入辅导班代课的时候。那是我第一次站在讲台上，发现这项工作可以带给我巨大的成就感，没有什么比学生的进步更让我感到开心的了！有时候在走廊遇到从没见过面的家长，对方一听我是"彭老师"，马上紧紧握住我的手，眼神里充满信任和肯定，感谢我帮助他们的孩子取得了进步。那种成就感，让我第一次发现自己的生活是有意义的。

从那以后我就确定了：我想当一名老师。

可是，老师也是分很多种的。当时我正在读大二，怎样才可以当上一名老师呢？一种方案是考取教师资格证，然后大学毕业后直接做老师，不过这样的话去商业辅导机构的概率要更大一些。

说实话，我自己不是很想去辅导机构做一个"打工老师"。既然自己的理想是老师，与其在商业机构打工，我更想进入一所学校做个"教书匠人"。

但是我很清楚自己的筹码是不够的,按照现在的教育发展普及趋势,本科应届生最多也就是教个小学或者初中,何况我还不是师范学校毕业,在公立教育领域就更缺少优势了。

这时,我想到了考研,考一所师范院校的研究生,然后再去找教师的对口工作。

对于立志做教师的学子来说,心目中的"求学圣殿"自不必说,当然是北京师范大学。

惊闻噩耗

就这样,大三下学期专业课结束时,我的考研之路正式开始。

暑假回家待了一周后,我就去参加了北京师范大学的夏令营。一进门,北师大校园里扑面而来的人文气息更坚定了我想要在这里求学的决心。只要有空,我便骑着小黄车在校园里四处转悠,绿荫、教学楼、操场、宿舍……处处充满了新奇和可爱。

不过,一直等夏令营结束,我都没有联系到确定的导师,因为说实话,北师大的夏令营其实是在提前双选保研的学生,我肯定没有在名单上。不过这次夏令营仍然让我收获不少,除了精神上进一步坚定了考研的决心,另一方面也有一些老师认识我了,这样的"脸熟"在后面的故事中埋下了伏笔，帮了我很大的忙，此处先不表。

本以为我的考研会在明媚的氛围中开场，没想到，一场惊雷打过来。

就在我结束夏令营回到本科宿舍，吹着空调吃着麻辣烫的时候，我的妈妈发来了一条消息："夏令营结束了吗？明天回来看看你奶奶吧，她的身体不太好。"

我说"好"，然后继续吃着。本来就计划夏令营结束要回西安和男朋友一起准备考研的。可是挂掉电话以后，心里稍稍有点不安。

没想到第二天一早，爸爸给我发来消息，告知奶奶夜里去世了。

难耐的悲痛一下把我打懵，胸口半天空落落；我的奶奶去世了，那个从小把我带大的奶奶去世了。我知道她的年龄大了，我知道她的身体不好，但我以为她会一直在，到我研究生毕业，到我结婚生子……还会陪我很长很长的时间。

这是我人生中第一次经历失去亲人。

我买了最早的一班高铁票，在回西安的路上一直哭。到了西安，男朋友老高来接我，见到他以后我哭得更伤心了。下午抵达老家，"扑通"一下跪在奶奶的灵前，这时候已经哭不出声来，心里只有一遍又一遍无声地哀号："奶奶我回来了！奶奶对不起！"

老家葬礼进行了好几天，等到所有事情结束，回到书桌前的我有种恍如隔世的感觉。

沉浸在浓重的悲伤里很久，一时竟不知道怎么正常起来。

化工厂里的汗水

大三暑期，是很多考研人回想起来都会心有余悸的时光。

暑期我和老高一起在西安复习，当时他报了个考研辅导班，每天都要去上课，我们俩租的房子就在辅导班旁边。白天我和他一起出门，他上课我就在自习室复习。

七月的西安真热啊，窗外的知了仿佛永远不会停止聒噪，柏油马路就像放在火上烤的平底锅，能把钢筋水泥都融化了。偌大的考研教室安安静静，只有沙沙的翻书声和偶尔几声咳嗽，有时候就让你几乎感觉不到有生命存在。坑人的是，到了暑假后期，不知为何辅导班自习室的空调经常会关掉，简直是炼狱般的酷刑，所有人坐在那里看书，直到汗流浃背，才发现教室已经恍如蒸笼，我差点几次中暑。

不过，老高学习起来比我狠多了，从来不给自己周末，就算是辅导班休息，他也会拉着我去学校自习，最多就是晚上出去吃个串串当作放松。

就这样，大半个暑假过去了。时间来到 8 月 10 号，我们专业需要去新疆的化工厂实习半个月。

去新疆的火车全程 40 多个小时，幸好我买的下铺，有个伸直腰背的空间来看书。我的同学们在火车上玩桌游、狼人杀，都嗨得不行，换在平常我早就加入他们了，可是这次没有。

去新疆的路很长，景色很美，经过一段长长的戈壁，窗外一眼望去都是秃秃的平原。可我却无心欣赏，常常是看书看累了才往外瞄一眼舒缓舒缓眼睛。

到了新疆正式开始化工厂的实习。鲁迅先生说过，"**时间就像海绵里的水，只要愿意挤，总还是有的。**"我每天一手提个水壶，另一只手就抱着我的物化书和单词书，早上等车的时候就站着背单词，到了工厂等师傅讲完装置我就继续看物化，总之是见缝插针式看书。

新疆和北京有两个小时的时差，早上都是九点才上班，我每天七点起床，这样七点到八点之间就可以看一个小时书。当时我们是三人一间宿舍，靠窗的位置有个窗台可以看书，室友们照顾我便让我在窗边睡。我买了一个小灯，这样室友都入睡以后我还可以再看会书，一般看到十二点或者一点。

感谢诤友，开启"坐穿凳子"的时光

尽管如此，我看书的进度却慢如蜗牛。

实习结束，回到学校，还没轮到我着急，我的好朋友倒是先着急了，对我说："我好担心你的书看不完啊！"

说到这里，我真的得好好感谢她。**古人不是说，最难得的朋友叫"诤友"**，因为他们敢当面批评你，告诉你真话。

当时我知道自己看书慢，但可能因为自己把所有空闲时间都用来看书了，所以内心还有种盲目的充实感。这时，我的好朋友当头一棒喝："**你不要被你自己给感动了。**"

不得不说，她的话深深戳中了我，搞得我很心虚，没面子，但心里知道她说的是对的。随后，她帮我客观分析时间，把复习内容分配到每一天，发现时间很紧张，任务量非常重。于是我们重新对每一天做计划安排，细到几点到几点干什么，连吃饭都要岔开食堂饭点，省得排队浪费时间。

也就是说，到大四，我的复习才进入**加速期**。

回忆起来，当时的每一天都是这样度过的：

8:00—10:00：政治2倍速或者1.5倍速听课；

10:00—12:00：专业课复习；

中午：趴在桌子上睡会儿；

14:00—17:00：专业课复习；

17:00—18:00：背英语单词或写作（单词和写作每天间隔着来）；

18:00—19:00：操场跑一两圈去食堂吃晚饭；

19:00—21:00：英语阅读；

21:00—22:30：做专业课练习题；

22:30：图书馆闭馆回宿舍；洗漱调整；

23:30：继续做专业课题。

当时，我有很多电子设备，但主动放弃了使用智能手机，把它放在宿舍等到晚上回去再看，平时就随身带着一个早已淘汰的老旧手机，上面连微信也没有，主要就是用来接打必要的电话，定午休的闹钟，闹铃响起来都是"嘀嘀嘀"的那种单调复古的声音。此外，还有一个电子设备就是 MP3，主要是每天跑步和闭馆回宿舍路上用来听考虫的英语讲座。实在无聊，发现诺基亚手机中的游戏贪吃蛇其实也挺好玩的。

当时自己也真是够不修边幅的，身为一个女生一周洗一次澡（不要嫌弃我埋汰），因为我们的宿舍和学校不在一起，宿舍浴室晚上十点就关门，如果回宿舍洗澡就意味着晚上九点就得回去，那样会打乱晚上看书时间。所以我都是每周带上洗漱用品在学校澡堂洗，洗完提着一堆洗漱用具，顶着一头湿漉漉的头发回图书馆继续看书。

那个时候真的是一坐就是一整天，听说常年坐着会把屁股坐大，我就利用去厕所的时间在里面做二十个深蹲，拉伸臀部的肌肉，算是臭美吧，毕竟还是希望能让自己的身材好一点的。

这期间发生了一个小插曲。当时辅导员通知我，说成绩优异的同学可以申请保研，并且坚持让我参加保研动员大会。推辞不过，我于是就去了，整个开会过程都坐在后面背单词，等到大会结束，老师统计人数，让大家填申请保研的决定书。我本来打定主意放弃，这时辅导员又把我叫过去一番长谈，让我考虑清楚。

我心里明白：填了这张纸就可以不用考研了，接下来的生活就解放了，可以放肆提前享受毕业前的狂欢，而如果放弃这次机会去靠自己拼一把，也许不一定考得上，到时候竹篮打水一场空，什么都没有……想到这里，我动摇了。于是借着去厕所的机会和老高打了个电话，还没多说，他熟悉的声音一下就把我拉回了现实，想到他正在西安复习奋斗，我便重新坚定起来。

最终，我彻底拒绝了保研的机会。

考研路上，我并不孤单

不得不承认，有时候光凭我自己的力量仍是不够，决心常常如烛火，随风摇摆。考研路上，幸运的是我有老高，他给了我很多能量，既是我的男朋友，又是一起奋斗的战友。

等到了十一，我回到西安和老高一起复习。他的决心比我强，意志比我坚定，对自己要求很严格。我们每天早上一起去学校自习，路上互相抽查单词，到了教室看书一上午，中午出去吃个饭，趴在桌上马马虎虎睡一觉，下午继续学习。

那段时间西安气温骤降，又没到开暖气的时候，我便把丝袜套在裤子里当秋裤，脚上再穿两层袜子，实在冷得不行了就出去原地蹦几下，让血液热起来。半夜，两人从教室回到出租屋继续看书，我困到不行上床睡觉，老高还在台灯下看书，贴心的他怕灯光刺眼照得我睡不着，便用一大摞书堆成一堵"墙"挡在台灯前面。

虽是情侣，可那段时间我俩连一整句甜言蜜语都没空说，说得最多就是两个字：加油！

一星期的假期很快就过去，我要回北京了。回去之前，西安的天气又好转了，离别那天，天空出了大大的太阳，晚霞特别美。老高送我到火车站，我们俩哭得稀里哗啦。虽然平时各自埋头看书，可短短7天时间我们已经习惯了两人一起战斗，忽然要分开，除了有恋人的不舍，更多了一种"同袍"的战友之情。

我知道，我走了以后，老高将在我们之前自习的教室独自一个人坐着，但不管怎样我们必须继续奋斗，因为我们要考到同一个城市。我报考北师大的物理化学专业，老高报了北京化工大学，我们很清楚，为了两个人共同的未来，眼下所有的心思都应该全部放在学习上。

下次见面，就是考研结束。

恐慌面前，梦中的奶奶给我力量

一路流着眼泪，一边复习专业课，我坐着火车回到北京。

深秋忽而降至。复习进度也来到刷真题冲刺的阶段，当时我找到了2005到2017年的真题，开始一份份地刷。可是一到做题，我发现自己基本都不咋会，只能重新翻出书复习，整理知识点。

巨大的恐慌向我袭来，这里我必须向你提个醒：备考中我犯下的最大错误就是盲目地看书，结果可能根本没有把握住重点。什么是重点呢？其实必须要结合历年真题去把握。如果说有条件的，最好找到近 20 年的真题，然后早早地一份份对照书中的知识点去练习和总结，把知识点和题目结合起来去记忆，这才是真的把书吃透了。

做题真的太重要，而我竟然到十月底才明白。

这种打击让我手忙脚乱，一下整个人都慌了，只能加班加点地刷题、看书、刷题、看书。那个时候我专门买了一个床帘，其实我一直都不用床帘的，因为怕黑，但没办法，怕晚上学习影响到室友，只能把床帘撑起来缩在里面学。

真的很感激我的室友们，她们比我小一届，当时都在读大三。我知道晚上翻书的声音在一个安静的小屋里还挺大的，但我考研期间她们从来没有说过我吵，从我床旁边经过也总是悄悄的；只要我在宿舍看书，她们说话就轻声轻语，拿东西也尽量不弄出声音打搅我。

那时候我的饭量巨大，早上可以吃三份早餐，打饭的阿姨看到我就笑，然后又好心说："没事，孩子多吃点！"中午和晚上也吃很多，你可以想象我考完研胖了多少。其实，长胖倒也没事，我的背上还开始疯狂长疙瘩，头发也疯狂脱落，头皮上长出各种痘痘，整个人看上去都油腻腻的。

但当时哪里还顾得上形象，只顾着慌慌张张往前赶，时间一眨眼就来到十一月中旬。

终于，专业课的题已经做完一遍，政治习题开始背诵，英语阅读也听完一半。每天提前到早上六点起，六点半就冲去学校，晚上又养成了熬夜习惯，长期晚睡早起，我的身体报警了。

有一天，吃完早饭背完政治，刚坐下拿出耳机开始听网课，忽然喘不上气，慌慌张张的我赶紧去校医院，医生说是心悸，强烈警告我绝对不能熬夜了，如果严重的话会有生命危险。那一刻我真的怕了。医生给我开了安神的药，闻上去臭臭的，但我仍然每天捏着鼻子按时喝下去。

没想到，喝完药我开始嗜睡，眼看时间已经到 12 月，每天疲惫和困意如波涛汹涌般席卷而来，这样的状态如何能上考场呢？我们学校图书馆的暖气不够暖，我的腿上常年裹着毯子，但脚丫仍然是冰凉的，但就算这样仍然很容易睡着。

一天，在图书馆学习实在太困睡着了，我梦到了去世的奶奶，她还是我小时候的样子，满头青丝，戴着厚厚的眼镜，正在书桌旁指导我做小学数学题。奇怪的是，梦中的我明明是个不满十岁的孩子，内心却是现在的年龄。我看到自己又回到小时候，奶奶还在，心里那么幸福又是那么忐忑，一句话也不敢说，生怕说穿了梦就会醒……

手机闹铃响起的时候，我醒过来，眼里都是泪水，起身去厕所哭了一会儿，耳边一直回荡着梦中奶奶对我说的那句话"这道题会做了吗？"

我回到桌前，翻开手中的书，打起精神看起来。

三分之二的努力，三分之一的幸运

北京清晨六点的天空特别美，蓝色和橘色相间，没有云。蓝是那种宝石蓝，橘是火热的橘，我总能在宿舍的厕所里看到，拿出手机匆匆拍个照，然后出门去图书馆。

考试之前，我已经将专业课真题做了四遍，政治紧紧张张听完课刷完题，英语阅读还有两套题目实在没时间没有听，但我必须去参加考试了。

至今还记得，考试前一天我把大堆书放在小推车（运建材的那种推车）上推回宿舍楼，朋友们都在身边陪着我，他们一路把我送到宿舍门口，连连跟我说"放轻松，你没问题的"，真的有种上战场的仪式感。

收拾好东西以后，我和朋友坐上885路公交车去北师大提前安顿，我记得当时提了一行李箱的书，买了两瓶原味酸奶，走过了天桥，抬头被乌泱泱的铁狮子坟乌鸦吓了一跳。晚上我们在北师大附近的餐馆吃了麻辣烫，可惜的是那一家店现在已经不开了，然后回到酒店继续背政治。

第二天考试，上午考政治，我写到手指发麻，恨不得把毕生所有精力全部用尽；下午考英语，发挥还算平稳；最后一天考专业课，试卷交上去的时候我的感觉非常良好。于是乎，考完当天，我带着愉快的心情回到学校，并且花"巨款"去花店给我的好室友、好朋友们买了鲜花，感谢她们一路上对我的帮助和包容。

然而，事实证明，人不能太盲目自信……

成绩出来，我的心突突凉了半截：318 分。

希望不大。于是赶紧联系了华东师范大学的调剂，给自己准备后路。虽然进了复试，但按照往年的录取分数，我的成绩一定是录取名单里的倒数几名，加上复试考的是实验，是初试没有考过的内容，我估摸着自己很可能没戏了。

可是，虽然门只开了一条缝，那也得拼尽全力试试啊。

于是，大年初八我就急急忙忙赶回学校准备复试，每天从早到晚地在图书馆看书，反复地背自我介绍，不断给老师们发邮件。复试当天，硬着头皮过去了。

没想到的是，我复试的笔试成绩比初试的成绩要好。更加万幸的是，面试那天我正好碰到一位导师，之前在北师大的夏令营里和他见过面，老师对我的印象很好，而且记得我的本科成绩不错，他当时手里正好还有研究生的名额，于是经过面试以后，我就被顺利录取，成为了这位导师的学生。

回想到这里，我仍然是心有余悸。

自己是多么幸运啊！

如果当时这位导师没有来参加研究生的复试，不知我是否还有机会进入北师大的校园，我不敢想……每当说起这事儿，朋友们都安慰我说："哎呀，过了就过了，不管怎样你都考上了！再说，正是你的努力才换来了这份幸运的。"

但是，我仍然想对后来的考研同学们说：如果可以，考研还是要尽早开始准备，这样可以避免像我一样在备考后期遇到种种慌乱和局促，成绩才会更扎实。

讲到这里，我的故事也临近尾声。对了，还有老高呢，老高没达到北京化工大学的分数线，于是填了华北电力大学的调剂，最后也被顺利录取。于是我们结束了漫长五年的异地恋，从跨越半个中国到相隔十九公里，在北京相聚，算是一个圆满的结果吧。

泰戈尔说："天空没有留下翅膀划过的痕迹，但鸟儿却已飞过。"对于大多数人来说，或许我们不会名留千古，但每个人为了找到属于自己的方向，为了追求心中梦想所走过的历程都是独一无二的。既然选择了考研，就当风雨兼程。当我们垂垂老矣，回忆自己的青春，想到自己曾为了一件事情无怨无悔拼尽全力，我想那一定是非常幸福的。

一个"中国式好学生"的蜕变：
保研，没你想的那么容易

讲述人：张　叶
山东大学在读研究生，中国现当代文学专业，本科就读于河南大学文学院。

攀爬就是生活的本质。

——《权力的游戏》"小指头"培提尔·贝里席语

一个"中国式好学生"的"翻车"

01 "好学生"人设的崩塌

说起山东，很多人都会想到两个标签，一个好，一个坏。

好的标签是**"教育大省"**——都说山东的娃娃会读书，竞争激烈，家家户户都拼命挤破头要上重本；第二个标签则不怎么好了，那就是**重男轻女**。我出生在山东济宁，从记事起，就无数次听到有人对我的父母说："家里就一个女孩啊？怎么不再要一个？"他们每次的回答都是："一个够啦，一个宝贝就够了，男娃女娃都一样嘛。"

我感到很幸运，爸爸妈妈把所有的爱与精力都给予了我，当然还有期望和寄托。从小到大我也很争气，身上始终挂着"乖孩子""成绩好""聪明"的光环，这些标签反过来也让我进一步学会了约束自己、表现自己、包装自己，尽量让父母高兴，在大家族的亲戚孩子里头永远是最让人省心，成绩也最好的一个，为的就是让他们提起我这个女儿的时候脸上有光，有面子。久而久之，每次家族聚会，亲戚们都会拿我做榜样："你看看张叶姐姐，从小就要考名牌大学的，多向人家学习！"

在这种光环下生活许久，有时候连我自己都飘飘然，变得有些自负起来。

可是，没想到这种优秀人设在高考之后彻底崩塌，那一年我的高考发挥失常，最终只上了一个普通一本，既不是"211"，也不是"985"。很快，我的考试事故成了亲戚口中的热门话题，他们虽然嘴上不断安慰着我的父母："已经不错啦，好歹也是一本嘛，现在高考一年比一年难了，你想想……我们小时候哪能奢望读大学哦！"但似乎又有些幸灾乐祸的看客意味。我父母都是老实人，他们只能一边点头，一边回答"是是是"，然后笑眯眯注视着我。

父母那种苦涩的笑容让我抬不起头来，他们没有因为高考失利而责怪我，但我知道他们失望了。那一年的家族聚会我们一家三口鲜少参加，就是为了躲避亲戚们的谈论，家中气氛也出现了多年以来少有的凝重。

很快，大学开学，秋高气爽的天气并没有解开我心中低迷的心结。

很长时间我都陷在颓废与茫然的情绪之中，经常做噩梦，强迫症似的回到高考的翻车现场，回忆每一道题，有时候梦到自己如愿以偿考入名校，在掌声、鲜花和父母的笑声中醒来，发现不过是黄粱一梦，心中空荡荡。

这种状态一直延续到大一上学期结束，当所有同学都在放开手脚结交新朋友，参加各种活动，呼吸着大学新鲜空气时，我始终头顶一朵乌云，走到哪里丧到哪里。

真正让我获得能量，脚踏实地地重新开始的，是后来做家教遇到的一对母子，还有在学校遇见的一位捡垃圾的老人。

02 单亲母子和捡垃圾的老人

大一上学期快要结束的时候，宿管阿姨偶然问我可不可以给她家胡同里的一户人家找个英语家教，那户人家是一位单亲妈妈，独自抚养着读小学四年级的男孩，妈妈平时卖水果，爸爸已经去世。我觉得自己满足家教的条件，也想顺便赚点零花钱，于是就自荐去了。

至今我还记得，那是一片拆迁区，泥地夹道只允许我和我的小自行车勉强过去。远远地，我看到一位略显苍老的阿姨在等着我，房子是老式的二层房，所有家具全挤在一起，发出淡淡的霉味，一楼客厅站两个成年人都显得局促。逼仄的房间里，我看到外面生锈的楼梯上有个孩子在悄悄看我，于是我跟着他上楼，唯一一间小房间里只有一张摆满了书的床，满地的乱衣服和课本，冬天房间里没有任何取暖设备。我看着没有桌子的房间，一时无措，小男孩倒像是习惯了似的，用几本老旧的课本在地上摞起来垫成两个小凳子，我俩往上一坐，那摆满了书的床就成了我们的教桌。

那年冬天，在这张特殊的教桌上，每个周末我都过来陪小男孩一起学英语，帮他把英语成绩提高到全班前三。最后一次家教时，阿姨对我说的一番话我至今还记得："谢谢你啊，闺女，家里冷，也没条件，真难为你了……我没能耐给他多好的条件，只盼着他好好学习，以后考出去，我吃再多苦也没事……你要有空了来阿姨家里做客，阿姨给你做菜吃，别嫌弃啊！"

我出神地看着给我扶着车的阿姨，她双眼望着胡同口，羞涩的小男孩在破旧的楼梯缝里看着我。那一刻，我被这对母子深深触动了，**"孩子啊，我衷心希望你能考上好大学，也希望你记住现在的这些日子，将来走得更高走得更远！"**

第二位给我影响极大的，是宿舍楼下收纸箱垃圾的爷爷。

平时，我们会把不用的学习材料和废纸卖给他，每次我们将东西拿下去，爷爷都会把我们的学习材料或者不用的书挑出来放在一边，其他的称好放在三轮车里。我不明白，于是问爷爷为什么要这样做，爷爷说："这些书拿去做废物多浪费啊，平时没事，我回去也学习学习。"

说实话，我其实不太相信，直到有一次晚上出门锻炼，路上经过爷爷的垃圾大院，他正坐在门口的路灯下，翻着从学生们那里收来的书，路灯下的小飞虫在周围嗡嗡喧闹，爷爷静静地皱着眉头看书。事实上，那些都是我们不看的学校材料或者自认为"无用的书"，嫌占地方扔掉的。

看着路灯下爷爷双手捧着书，我一下子想到那对母子，想起小男孩的妈妈望着胡同口的眼睛，**我仿佛看到了前路有亮，黑夜中有光。**或许我还年轻，或许我未曾吃过苦头，或许我不知道世界上还有许许多多生活卑微但仍不放弃奋斗的人，再回头看看自己的来路，只觉得自己的许多愁，都是"为赋新词强说愁"罢了。

我发誓要更坚强一点，更坚定一点，向那对母子学习，向这位爷爷学习，我的人生才刚刚开始，我还有大把的时间。

过去的自己因为没有**接触过真实的生活**，很多时候的发奋只是源于一时的不甘，为了父母的面子，为了拿一个高学历文凭。渐渐地，我开始意识到：**奋斗的意义不止于此，它深深扎根于生活。**

保研之战，绝非十分钟的面试

01 将理想落实成行动的地图

理想，如果不换算成行动，则永远是水中月，镜中花。

大一下学期开始，我开始爱上去图书馆，让自己在一排排书中流连。尤其是文学，从现当代小说到文学理论那几排书柜是自己经常驻足的地方，有事无事就借来几本去无课的教室翻阅。看似无意，其实慢慢找到了自己的**研究兴趣点——现当代文学。**

一年的时间里，我几乎把图书馆能借到的书或精读或略读都看了一遍。大二下学期，我发现很多看过的书竟然全忘了，于是我开始摸索适合自己的**读书方法**。因为喜欢纸质化的笔记，我开始慢慢尝试简略地对每本书的出版信息和作家信息以及关键情节进行记录，形成自己的 Mind Map。这种方法在我大三下学期大量阅读文献的时候也用到了，参加第一个推免（保研）夏令营的时候，被老师问到的第一个问题就在自己的 Mind Map 中，当时我心里一下就踏实了。

要相信，你在日常学习中的每一分努力，都将在某一天得到回报。

平时，我将每一次期末考试都看作曾经失之交臂的高考，竭尽全力去准备。每每得知考试时间以后，我会在纸上画出一根长长的时间轴，明确地标好每一个复习任务和截止时间，Deadline 会无情和直观地让我产生紧迫感，从而倒逼自己完成复习任务。

我的另一个学习方法是做思维导图。每次到"考试月"，我都会先画出该科目的思维导图，对知识点进行多级的罗列，它能帮助我很好地从整体上把握学习内容。到后期，我只需要看着自己的思维导图就可以将课本知识在脑海中进行梳理回顾，再拎出几个重点关节做重点复习即可。

现在想起来，生活里好像有一根看不见的绳子，从遥远的未来伸向我，我紧紧抓住它，一步一步向前走。夏天，我坐在楼梯上喷着花露水看着手里被画得花花绿绿的知识点；冬天，我靠在走廊的暖气片旁抱着热水瓶袋撑着看书，这基本是我本科前三年的常态。当别人课间都在刷手机玩消消乐的时候，我打开手机上的考研网站，做着自己的"名校"梦，仿佛手指划过那些学校的名字，就像身在课堂。

到了大三，大部分同学们都开始准备考研的时候，我已经定下了考研目标和复习规划，学习材料也已买好，英语的网课一直在跟进。本以为就此要迈入考研大军，没想到一次机遇降临到我的生活里。

就在当时，学院举办了一场毕业季交流会，通过学长学姐的介绍，我详细地了解到关于保研的信息。会后，我在学院的官网找到了相关的政策文件，根据学校往年的推免比例，结合自己前几学期的综合测评和成绩排名，我认为自己有机会保研，于是把重心侧重到保研的准备上来。

曾经以为，保研只需要面试一下就好，经历过之后才知道，保研之战，绝非仅仅十分钟的面试而已。

02 偶尔也要给自己熬一碗"鸡汤"

保研，不同学校有不同的笔试和面试，所以研究每个高校的考研真题是重中之重。此外，保研的排名是根据综合测评得出的，所以平时既要保证成绩靠前，还要准备各种竞赛、论文、活动的证书，每张证书都可能成为你的一块"敲门砖"。**保研，其实相当于建一栋楼，既要打牢地基，还要进一步精装修，从战线上来说，比考研还要漫长，而心理上的重负感，也更加沉重。**

尤其到保研备考的中期，知识性的储备虽然很重要，但这时经常会被各种各样的事务、信息、通知所打扰。那段时间我的每一天基本都是从早忙到晚——

早晨：背诵英语，从普通的口语训练转移到为学术上的英语面试做准备；

上午：复习专业知识、阅读大量文献，扩展知识面，为了"推免"笔试做准备；

中午：吃饭时间仍然不忘关注国家级、省级、校级的各项比赛信息，看哪些自己还可以参加；

下午：专攻自己的兴趣点和研究方向，梳理核心文献，论文输出是最终目的；

晚上：搜集各大院校信息，梳理证书材料，准备个人陈述、自我介绍等文书，详细地列出具体要求。

就这样，到六月份冲刺阶段，我已经把大学期间所获的证书全部整理了一遍。当敲出一个个奖项名字的时候，曾经付出的点点滴滴历历在目；当回忆一张张证书背后的故事时，一个正在成长的自我逐渐清晰；我把每一份证书都复印了6份，心里是多么希望让更多人看到有一个小女孩在为梦想默默努力啊！

从申请表、专家推荐信，再到发表过的学术论文、参加过的项目和社会实践资料，每一份我都悉心地准备好电子版和文字版，一份文书至少修改八九遍，检查每一个细节，包括字体字号。有时候看屏幕看得眼花了，不得不将word页面显示比例放大到180%，敲出来的每个字方方正正巨大无比，好似在给我心中的梦一块块添砖加瓦。

现在回想起来，那段时间真的是身心疲惫。每天往返于新老校区，联系多个导师写推荐信，请教师兄师姐。为了配合别人的时间，我自己的复习计划全部打乱，随时随地处于候命状态，很难有属于自己的一整块完整时间。最焦虑的，莫过于那个没有定数的未来，为此我的心情常常像坐过山车一样起起伏伏。

值得庆幸的是，我是一个擅长从外部环境中汲取能量的人。

我始终记得大一的一门选修课老师说过的一句话："**你的眼界决定你的格局**"，这句话被我默默记在备忘录中，每当自己稍有退缩、游移的时候，我就忆起这句话，它无形中也成为我的日常"鸡汤"。

不管是考试还是其他事情，但凡是奔着一个目标而去，我们在奋斗途中都需要给自己的斗志添柴加火。**我一直觉得，人偶尔需要给自己"熬鸡汤"，这不是自我欺骗，也不是"成功学营销"，而是一种"心理暗示"。有时候那种即时性的"复原力"会让我重新调整好状态，甚至是达到努力的峰值。**

一场孤独的朝圣之旅

01 从南方到北方，重回故里

我是一个幸运儿，前几届的学姐学长都没有参加过推免生的夏令营，而我在大三就了解到了在全国举办推免夏令营的院校，并且取得了参加的资格。**这里我也想提醒一下，如果有想要走保研这条路的同学，**

最好提前了解一下每年的推免生夏令营情况。

最近几年，各大"985"、"211"高校和科研院校为了抢夺优质生源，都会举办推免夏令营，用这种形式来接触和筛选优秀生源，提前确定保研名额。当时我就参加了好几个高校举办的夏令营，期间收到了华东师范大学、山东大学、华中师范大学的面试通知，这也是自己从未想过的。

遗憾的是，华东师范大学与山东大学的面试时间冲突，一方面我喜欢上海这座城市，可惜报选的并非理想专业；另一方面我是山东人，如果在省内发展的话，山东大学的认可度是最好的，所以最后我选择了山东大学和华中师范大学两所高校的面试。

第一站我来到华中师范大学，全新的环境，一切都好像从零开始，看着周围优秀的外校同学们，我的内心隐隐紧张。笔试十分顺利，但面试时中间有一个问题没有做好准备，导致回答不甚满意，这也成为我那次考试的遗憾。

第二天，我就收拾东西坐高铁从武汉来到山东，从南方到北方，不仅是地域的不同，还有心境的变化。因为我是山东人，回到山东就像回家一样熟悉，所以较之前在武汉，山东大学的面试我更加自信和从容。面试的第一个问题是英语，这类即兴提问在英语比赛时我就专门训练过，当自己大方流利地回答完问题后，老师点点头，说："你这口语是我今天面试的学生中最好的。"听完这句话，我心中剩余的紧张全部消除。面对专业问题的时候，我自信地表达自己的观点，结合之前看过的书和文献，尤其是阅读笔记中用到的 Mind Map，它们让我的回答既逻辑清晰，又有大量素材作为支撑，因而再次得到老师的肯定。

走出面试的会议室时，我长吁一口气，预感自己将成为被录取的那幸运的三分之一，而结果也证明了我的预感，最终我拿到了山东大学研究生的录取通知书。

02 今日的喜或忧，是你我昨日的选择

打开录取通知书，"张叶"二字赫然在目，这两个字是多么简单又多么明亮啊！

三年坚持，谈何容易。早晨看着太阳从东边城墙上升起，晚上骑车飞奔时看到满天的繁星，日复一日，实在累得不行的时候就去操场上咬牙狂奔或者去楼顶大哭一场。至今印象最深的是有段时间忙到一个多月没给父母打过电话。一天晚上，爸爸给我来电话的第一句是："闺女，爸爸想你了。你这会忙不？我就说几句话，不耽误你时间。"听到这第一句我当即泪流满面……

回想起来，好似做了一场长长的梦。如今的我正坐在研究生的宿舍里，认认真真写下这一字一句，至此，才算对过去的四年大学生活做了一次真正的回忆和郑重的告别。

我想，或许你很好奇研究生的生活是怎样的吧？

研究生主要培养的是科研能力和自主学习的能力，对于文科的我来说，既不需要做大量的实验，也没有密集的课程，所以可以完全掌控自己的时间。就好像以前你坐在一辆有司机驾驶的大巴上，而现在

方向盘真的交到了你自己手里——速度、方向、节奏都由你自己掌控，周围的人都在坚定地朝着自己的目标前行，稍不留意你就会被赶超。

读研，意味着你已经从一条溪流汇入了真正的大海。

其实，研究生阶段的生活怎么过，过成什么样，都是基于自己的选择。读研以后，几乎所有学生都会面临两个重大的问题：我是谁？我要什么？**研究生阶段的一个核心任务与其说是学习，不如说是通过学习来寻找自己，寻找未来生活的道路。**

在我看来，当人开始探索和扎根一个领域，才真正形成一种身份认同感。研究生阶段，我没有把时间全部放在学术研究上，而是开始寻找对自身的身份认同，选择了"半工半读"。我希望融入整个社会，而不仅仅是作为象牙塔里的孩子，于是找到了一份新媒体内容编辑的工作，平时除去上课，剩下会有三天时间在公司度过。身边的同事大多只比我大几岁，也没有把我当作小实习生看待。我每周参与公司的复盘会议，投身到工作项目之中，承担着属于自己的一份责任，在一件件具体的事务中不断反思和总结。

工作过程中，我也开始理解生活里人们的言谈举止、人情世故、情绪和动机……这些都是难以从书本中学到的，**而我也不再觉得"读书"和"社会"是两个泾渭分明，甚至互相排斥的领域。**

至今，我仍然会想起那一对母子和收废品的老爷爷，是他们让我提前摸到**生活的脉搏**，是他们戳破了我对于"优秀"和"学霸"的表面认识，让我从不堪一击的脆弱感和挫折感中走了出来。

现在，在多数人眼里，我的保研之路看起来还是很"厉害"，亲戚朋友们聚会又开始拿我做榜样，但自己的内心已经发生了天翻地覆的改变，我会告诉弟弟妹妹们：**学习很重要，但有时候多想一想自己为什么要奋斗也很重要。**

这篇文章的结尾，我不想"洒鸡汤"，也不想喊口号，只想写下目前自己生活的真相——现在的我，依然时时刻刻在挣扎和攀爬，烦恼和彷徨也没有远去。生活这一场孤独的朝圣之旅不会因为任何一场考试而解脱，它一直继续着，**每个人都有自己的天赋和际遇，而清醒、坚毅和持续的努力才是这场长跑胜利的关键。**

英语四级四次没过到考研成功，我哭了：不放弃，就会赢

讲述人：秦向涛
陕西科技大学在读研究生。

> 别人的经历无法复制，但是勇气可以，希望你能在我的故事里，找到一丝丝力量。
>
> ——本文作者

又到了一年开学季，科大的未央湖畔人潮涌动，一张张看似成熟的新生面孔之下，潜藏着对于研究生生活的向往，从那些面孔里，我仿佛看到当年的自己。

"上岸"已经是两年前的事情了，如果要问我考研意味着什么，至今我仍然很难用几句话概括，眼前闪过的只是一幅幅蒙太奇般的碎片——

考研
是清晨 6:30 的闹钟
是走向图书馆那截最炎热的路
是凌晨的叹息

是梦中无数次的惊醒

是停电后又亮起的灯

是合上又翻开的书

是无数次想要放弃却继续坚持的时刻

……

对于考研，我相信每一个"上岸"的人都有千言万语，可真要写起来又有点手足无措。如果纯粹只是发发感慨，我想这篇文章就没有什么价值了，所以接下来我会尽量还原一个真实的故事。

一个孤军奋战的人，多次失败，又多次站起来的故事。

考研，一瞬间冲动？

在大学，我的下铺睡着一位学霸同学（后文简称"学霸"），故事就从他开始说起吧。

大一开学，每当我醒来的时候，学霸已经出去自习了，只留下叠得整整齐齐的床铺；每个夜晚，我躺在床上打游戏的时候，只听到下铺翻书的声音；每个学期放假回家，我都能看到学霸在行李箱里塞了满满一箱子的书。作为上下铺的兄弟，大学前三年我和他大多是日常交流，少有深入接触。

在我看来，学霸就是学霸，他们属于另一个世界，那个世界不是我能想象的。我既不是学霸，也说不上学渣，如果硬要给我身上贴个标签的话，那个词叫作平庸。

有人说，在一个群体里，极其优秀的人和极其糟糕的人不多，各占两端10%，剩下80%的人都属于平庸，他们这些人有努力的意愿，也付诸过一些行动，但最终因为种种原因没有坚持下来。

我就是其中的典型。

我是一个普通农家的孩子，其实不是每个农村家的孩子都早当家，事实上，和大部分农民家的孩子一样，我没什么"逆袭"的野心。我的天资一般，运气一般，自控力也比较差，从小贪玩得很。我的家里没有藏书，父母更没有多余精力管教，放任我在野地里捣蛋玩耍，说句开玩笑的话，我的写字水平都是小时候被罚抄课文锻炼出来的。

当然，青春期的时候我也做过白日梦。17岁的每个夜晚，我经常躲在被窝里看一本叫作《花开不败》的杂志，里面写的满满的都是励志人生。躺在床上的我总是幻想自己就是故事中的主角，可每当第二天早上从床上爬起来，看着家里破败的现实条件，眨眼之间就忘了胸中的万丈豪情。

得以考入一所"二本"，算是万幸。读大学以后，我进一步地放任自己，大部分时间除了睡觉就是打游戏，英语四级愣是连续考了四次都没有过，后来已经麻木，觉得过不过都无所谓了。

可就在大三那一年，我却主动报名考研，这成为我生活的重要拐点，而此事就跟睡在我下铺的学霸兄弟有关了。

一天下课，学霸同学从自习室回到寝室，拿着几张宣传单，随手发放到宿舍里每个同学的床上，把其中一张扔到我的床上，然后他就出去吃饭了。我当时正在打游戏，并没有注意。

后来，学霸吃完午饭回来，走到我的床边，问："要不要一起去？"

"什么啊？"我没懂他的意思，于是他又晃了晃我床上那张纸，我才发现是一张考研分享讲座的宣传页。我扫了一眼上面的时间，想着自己反正很久没有出宿舍了，跟他出去转转也不错，坐在教室后排打打游戏也 ok，于是就答应了。

现在想来简直不可思议，我竟然鬼使神差地去听了一次考研分享，而这件事改变了后来发生的所有。

分享考研经验的是我们学校的一位学长，他在讲台上的话大大打动了我，那位学长和我一样是农村子弟出身，同样的二本学校背景，却以 427 的高分考上了大连理工大学的研究生。虽然大连理工也不是最顶尖的学校，但那位学长的演讲功力着实了得，经历的心路历程太过真实，尤其是关于农村子弟的出身、原生家庭的影响以及自我挣扎的过程唤起了我太多共鸣。那天，从教室一出来，我就下决定要考研，而学霸也是第一个支持我的人。

这么说来，我的考研决定，就是一瞬间的冲动。

自我感动的陷阱

回想起来，真的要特别感谢那位学霸兄弟，如果没有他，我那三分钟的热情可能头几天就烧光光了。决定考研之后，我和学霸的关系迅速升温，整天厮混在一起，成了"铁研友"。在他的带领下，我开始马不停蹄地买书、报班、联系往届的学长学姐，很快进入状态。

大家都说"万事开头难"，但对于我来说，考研最难的，绝对不是开始。

你知道，对于一个习惯了平庸的人来说，当他的内心有了初步觉醒时，他们往往很难埋下头踏踏实实努力，而是会被一种铺天盖地的心情袭击，那就是自我感动。

至今我仍保留着当时的"考研微博"。决定考研以后，我特意注册了微博小号，几乎每条微博都被我写得字数满满，全是内心自我感动的抒发。考研还没正式"动工"呢，情绪就泛滥起来，没感动别人，倒先感动了自己，恨不得告诉全世界：我准备考研了！那种既害怕被嘲笑，又渴望证明自己的心情，如今看来，大有矫情做作的嫌疑。

自我感动真的是种"陷阱"，我不知道有多少考研人曾掉入到这个坑中，仿佛决定考研就是做了世上最困难的选择，忍受了最痛苦的磨难，觉得自己如何如何伟大。而时间，却在你的自我感动中一分一秒地流逝了。

就这样，大三下学期飞快过去，真正的考研其实是从那一年暑假开始的。

那个酷暑，让我明白了什么是真实的考研生活。

七月流火，魔幻之夏

暑假，大多数的同学都回家了，只有考研的人还留在这座火炉一般的城市。俗话说"七月流火"，现在想想，那一年七月发生的很多事情颇有些魔幻色彩。

按照惯例，学生在暑假期间是可以住校的，但不幸的是我们那一届，因为学校要对宿舍进行集体整改，所以大伙都被赶了出去。我既不愿回家复习，又没有钱租房子，那么能去哪儿呢？

当时我们学校周围有个村叫作"东洼村"，是个等待拆迁的老村子，里面几乎没有人住了，房子都破烂不堪。为了能够暑假在学校学习，我和学霸同学便在村子里租了一间单间，价格便宜极了，一个月房租 150，水费全免，电费自理。屋子里没有空调，于是我们从网上买了一个小摇头扇，每天放在床头的凳子上，凳子凹凸不平，电风扇经常转着转着就掉在了地上。房子里的蚊子很多，尤其到晚上各种虫子就活跃起来，跳来跳去的蛐蛐，飞来飞去的蚊子，还有很多趴在纱窗上的蛾子和各种不知名的昆虫，看得人直起鸡皮疙瘩。蚊香点了好几块，不但没把虫子熏走，倒是把我自己熏得够呛，手脚经常咬得厉害，一挠一个疤，大半个月都不消。

说实话，就算是农村孩子，我也从来没有住过会漏风漏水的房子，过上连洗脸洗脚都要跑很远出去接水的日子，而考研，切切实实让我体会了一把父辈们"忆苦思甜"的生活。

在那段枯燥郁热的时光里，一切事物都变得新鲜起来：一场大雨，一朵形状奇怪的云，一个窗台缓缓爬过的蜗牛，每一件日常的事情都让我感到惊奇。我记得那个暑假，学校的路上没有一个人，天气炎热到连动物都爬到树荫底下乘凉，走在最热的那一截路上，简直像走进火里。有一次，在炙烤的路中央，我竟然看到一条蛇，它就那样横在路上，像条奇怪的绳子，一动不动。我蹲下来摸了一下滚烫的地面，第一反应是它会不会已经被烤熟了？再抬脚看看自己的胶鞋底，仿佛正在融化。

炎热的季节，身边肉眼可见的弃考情况越来越多。一开始，和我们一起考研的两个同伴选择了放弃，收拾东西回家。临走时，他们将买来的书籍全部丢在了出租屋，看着那小山似的资料，我仿佛看到了一堆废墟。

他们离开之后，日子显得更加凄惨。学校图书馆的玻璃房就像一个大蒸笼，吸热快，散热慢，大家都撑不住了，而我想到的一个办法是早起，毕竟清晨是一天里最凉爽的。每天4点多天就亮了，天什么时候亮，我就什么时候起床，带着3块钱一大瓶的矿泉水，坐在图书馆的草地上开始"啃"书，享受着一天当中最清凉的时刻。

后来随着考研班的结束，又有一大批同学离开学校，而随着人数减少，学校食堂的窗口也一扇扇关闭。我记得后来大半个月的时间每天都吃鸭腿饭，吃得我直恶心，脑海里留下的除了那种腻味，还有鸭腿上没有拔干净的鸭毛。说实话，现在我再也不吃鸭腿了。

为了躲避炎热，我们想尽了一切办法，真的有种世界末日的难民感——晚上偷偷溜进学校的琴房里打地铺，中午爬窗户进教室偷偷开空调睡觉。可是，道高一尺魔高一丈，没过多久，学校琴房和有空调的教室窗户上面都悄悄安上了锁。

我们这些"难民们"彻底无处可去了。

条件的艰苦加上放弃的人越来越多，让我的心态变得不似最初那么坚定，更陷入到不知如何分配时间的焦虑之中——总觉得复习了这科，又忘了那科。看买来的学习视频，总是紧张地快进，仿佛被一股看不见的力量驱赶着，生怕来不及。毕竟还有那么多书没"啃"完，还有那么多真题没刷呢！

于是，我开始找各种理由逃离，甚至也想过放弃，可每当看到学霸兄弟在一旁拿着考研的宣传单扇风，一边埋头学习的时候，我就悄悄放弃了懦弱的逃兵想法。

就这样，在各种压力冲撞下，我咬牙痛苦地挺过了第一个阶段的复习。

最后一段纯粹的时光

暑假一过，随着秋日到来，日子由燥热转入凉爽。

进入大四，所有的考研人就像打了鸡血一样，变得火力全开，就连我也被周围的氛围带动起来。考研一共英语、政治、数学、专业四门课程，我每天基本是 5:40 起床，洗漱之后带着几个速食小面包到操场上背书，一开始背英语单词和作文，后期开始背诵政治以及数学公式。7:00 到图书馆开始一天的复习，上午的时间全部投入到英语里——记单词，做阅读，写作文，一直到 11:40 去食堂吃午饭。中午有一个小时的午睡，下午大概 1:00 开始刷数学题目，刷到 17:30 吃晚饭。18:20 回到图书馆站着翻一翻政治，半小时之后坐下复习专业课，直到 22:30 离开图书馆。

说到图书馆，绝对是一个"硝烟弥漫"的战场，每天都在上演疯狂的抢座大战。

一般而言，图书馆占座就是在桌面上象征性地搁几本书，或是写上一张"此处有人"的纸，但是这样的占座方式明显不公平，于是，图书馆大爷频繁地接到各种举报，后来他干脆进行了一场轰轰烈烈的"收书运动"。很不幸，我也在其中，第二天进去，只见图书馆门卫室里高高地堆满了收上来占座位的各种书，我们只能钻到里面去找自己的，真是让人哭笑不得。

此外，因为座位打起来的事情也不在少数，而且不少的打架者都是女生。我们开玩笑说："考研期间，女生不把自己当女生看，男生也没有把她们当女生看。在这里座位是每个人的命脉，才没有什么'女士优先'这一说呢！"

随着深秋的到来，操场上的叶子也落了一地，踩上去沙沙作响。后来，我已经习惯了清晨操场上读英语的声音，习惯了见到每天在操场上练太极拳的退休老教师，习惯了晚上比计划推迟半个小时回宿舍，习惯了窗外渐渐变大的北风声，还有自己越来越大的胃口——从来不吃零食的我，课桌里渐渐地塞满各种口味的零食……

到了冬天，图书馆里的女孩子纷纷变得特别会"过日子"了——她们抱来毯子盖在腿上，保温杯里泡着暖暖的枸杞红枣茶，座位下还接着插座专门给"暖手宝"充电，充电的时候发出的咕噜噜的声音，让我总是担心它会爆掉……有时我也会在心里暗暗想：要是有个一起考研的女朋友，该多好啊！

不过，这样的念头只是一闪而过，时间越来越紧，我不敢放纵自己陷入到任何不切实际的念想之中。

那段日子就像黑白胶片，偶尔才会有一丝丝的彩色，比如某一次突然的断电。图书馆陷入一片漆黑，短暂的抱怨声之后，我们又陷入莫名的兴奋中，大家相互交流起考研目标、复习进度和身心状态等，平时埋头苦读的考研人都露出另外一面，在黑暗中热火朝天地聊天，很多人彼此甚至连名字也叫不上。有同学说不如今天晚上给自己放个假，早点回去睡觉，于是有人起身收拾东西，可下一秒图书馆就忽然明亮起来，来电了，一切照旧了，没人离开，大伙又安安静静坐下看起书来。

现在想来，那大概是自己读书期间最后一段纯粹的时光了吧。

调剂，在绝望中寻找希望

让我们把时间的指针往前拨一点点。

知乎上面有个热门帖子，叫"为什么有人考研花了大把的时间复习数学却依然考砸了？"下面共鸣的人一大片，很不幸，我就属于其中之一。

考研的高数历来有题目"前一年简单，后一年难"的说法，轮到我们那一届刚好是题目难的一年。本来我的数学就不好，属于"以勤补拙"的那种，希望通过刷题来撑一撑分数，可考试那天当我拿到试卷的时候，傻眼了。

几乎有一半的题是我不会做的。

第二天，强撑着考完剩下的专业课，晚上和学霸一起去了市区一家自助餐，以为会不顾一切大吃一顿，没想到我吃了两口就饱了，心里有什么东西堵得慌。尽管告诉自己考完就完了，不如好好放松一场，心却很难放松下来。考完第二天，按照往常的时间点醒来，我看着头顶的天花板，心里空空的，好像失去了一件特别重要的东西——那个考研路上极具勇气的自己。

等待分数的日子里，我几乎不抱任何希望。

出成绩的那天，我拿着手机在院子里一圈圈地走（农村信号差），不停地刷新，刷出成绩的那一刻，我真不知是该哭还是该笑——成绩刚过国家线——想读的学校99%没戏了，但调剂还有戏。只是，调剂的学校可能就很一般了。

是调剂还是工作？这成为我当时反复纠结的一个难题。

最终，我调剂到了一所普通一本学校，陕西科技大学。

"双非一本"的研究生，值得读吗？

有人把调剂比做"二婚"，我觉得这个比喻还挺恰当的，虽然不是自己的首选，但现在想起来，我仍然庆幸自己选择了读研。

要不要接受调剂，我觉得因人而异，要说给到读者什么经验，我当时主要是从三个方面来考量的：

一个是报考学校和专业的情况，如果竞争名额特别激烈，而自己又没有十足的把握，最好不要盲目执着；二是家庭经济条件，这也是我当初考虑最多的方面，考研需要大量时间和经济支撑，毕竟租房、吃饭、报班、买复习资料都要花不少钱，这对于我的父母来说是不小的负担；第三是个人决心。漫长的复习需要强大的心理，我不断问自己一个问题：对那所目标院校，我是否真的执着到"非它不可"？

扪心自问，没有。

在考研这件事情上，我不算是个完美主义者，更不是那种"宁为玉碎不为瓦全"的人，或许是我出身的家庭，或许是自己的性格，让我在生活中追求一种更加实用的态度。只要保证大方向，一路上根据形势变化不断调整，最终我们也能走出一张让人满意的生活路线图。

人生很长，考研只算得上小小一环，也许我没有考上名校，但这三年时光本身也是价值无量的。在我的理解里，研究生阶段的学习是100%主动的事情，三年时光就像走向社会前的一个缓冲期，在这段时间里，我们可以尽情探索，找到自己擅长的事情，为人生创造更多选择。

读研期间，除了完成本专业的学习，我也摸出了一条属于自己的"路子"。经过考研的磨炼，我现在能静下心来看书了，也爱上了阅读。读研期间，个人时间充裕，我开始尝试着学习写作，并阴差阳错接触到自由撰稿的圈子。说实话，这对我来说是从来没有想过的，经过一段时间的摸索，我从最初"千字三十"的稿费到后来慢慢学会运营社交账号，独立生产内容，现在这部分的收入不仅可以让我在研究生阶段实现自力更生，也让我对于未来的职业规划有了新的启发。

如果不是读研，我可能就与这个自我发现的契机失之交臂了。

最后，我想再说一说出身这件事。

知乎上我曾经看到一个热门问题："为什么农村大学生混得都比较

差？"其中有一条高赞回答是将原因归咎于原生家庭。不知道什么时候开始，原生家庭成为了我们不努力的借口，更可悲的是曾经的我也这么理所当然地认同过。

读研以后，我才逐渐明白读书最大的意义——不仅是为了实现个人梦想，更是为了穿过原生家庭的迷雾——通过读书，我们强大自己，才能回过头来更好地面对原生家庭，并与之和解。

原生家庭并非终生原罪。

一直觉得，面对生活，我们必须找到让自己生存下去的勇气。过去的我是懦弱的，曾经一蹶不振，曾经埋怨家人，曾经在英语四级上连续失败四次而不知努力，但考研是我人生中第一次拼尽全力去做一件事。这个过程中，我不止一次地跌倒，爬起来，跌倒，再爬起来，在无限次接近输的时刻，又把自己一次次撑了起来。

或许，奋战和懦弱，本就系于一念之间，而那一念，往往就是一个偶然契机，就像当年我被学霸同学拉过去听的那一场考研分享。如果我的文章也能为素未谋面的你带来一丝丝勇气，一点点鼓舞，那将是我最大的欣慰。

愿每一个在成长中浮沉的人，都能成功"上岸"。

第三章

考研，值得！

———

虽然已经毕业多年

即使已经远离校园

回想起考研时那些披星戴月的日子

也依然心潮澎湃

现在已经小有成就的你

或许

会无比感谢那个曾经拼命努力的自己

苦难让我更强大：
带着父亲的心愿，我决定一条路走到黑

讲述人：江　蓝

本科西北民族大学，2016 级中央民族大学硕士毕业生。

考研就是放弃简单的快乐，自痛苦中寻找快乐的过程。

——本文作者

此刻是傍晚八点整，刚刚下班的我回到家坐下来拿起笔，想和你聊一聊我的考研和求学之路。

距离现在，我的考研已经是几年前的事情，如今回顾起来有种"往事如烟"之感。现在的考试环境和几年前相比或许已经有了很大变化，但我相信对每一个考研学子而言，要走的那一段长长的备考之路，其中的艰辛、苦涩和甘甜，都是一样的。

古人有言：道阻且长，行则将至。

不过，我的路途从一开始就有些绝望。

我的 18 岁，记忆里只有灰暗

我，是一个再平凡不过的人，既不是学霸，也不是应试高手。18 岁的高考是我人生一道磨灭不去的伤口，在"二本"度过的四年时光是那道伤口结出来的痂，就算四年过去，伤口依旧无法愈合，为了能重新长出血肉，我选择了考研。

你可能会问：不就是高考失利吗？嗨，很多人都一样。

而我的高考失败，是和生命中最爱的亲人的逝世交织在一起的。

18 岁那年，我以优异的成绩考取了兰州大学本科的自主招生，当时整个内蒙古只有两个名额。这意味着我具备了弥足珍贵的"先天优势"——同样参加高考，我只要分数过一本线就可以直升兰州大学，而一般考生则要超出一本分数线四、五十分。

可上天偏偏开了个残酷的玩笑——高三下学期，我的父亲去世了。

父亲是我生命中最重要的人，他的逝世将我卷入巨大的悲伤之中，我根本无法集中精力学习，精神极度抑郁，高考前整整两个月我都没去学校，6 月份就直接进考场，拿起笔答题的时候大脑一片空白，严重发挥失常——那么难的自主考试我都考上了，而高考分数却只擦边到二本线。

如今想起来，在那种可怕的精神状态下，能考上二本，已是万幸。

就这样，丧亲之痛和失梦之伤交叠在一起，贯穿在我本科四年的生活里，久久无法弥散。

带着父亲的心愿，我决定"一条道走到黑"

现在还记得，四年前的暑假，当所有人都在抢回家或者旅游车票的时候，我却忙着在学校周边苦苦寻找着可以居住的宾馆准备复习。在这所资源有限、环境艰苦的二本院校，考研自习室实在太抢手，说得夸张点真是"狼多肉少"。如果没有考研前辈的"传承"，想在考研自习室拥有一席之地，可谓是难上加难。所以，为了方便备考，学校周围的小旅店就成为我们这些抢不到考研教室的学子的最佳选择。

当时很多人劝我回家复习，毕竟家里有妈妈照顾我，有空调，有舒服的床，可以更专心地复习。但我心里很清楚，自己的自控能力比较差，回家面对各种各样的"诱惑"很难做到专心致志，而我的考研必须做到心无旁骛。毕竟我身在一所"二本"院校，学历限制了我的选择，我不想直接从这里一毕业就走入社会，那样我的选择太狭窄，那样的人生一眼就能望到头。至今，我仍记得一位学姐在考研交流会上说的话：**这个世界很广阔，不值得你现在就停下来，你还可以再往前走得更远、更高一些。**

而更重要的是，我觉得父亲也不会允许我就此止步。从小到大，他是最相信我的人，也是最支持我的人，我决意要带着父亲对我的期待继续走下去，往前走，往更高处走。

当时，考研被自己认为是唯一的出路。

如今想来，当时的想法未免有些绝对，但也正是这种"绝对"让

自己咬紧牙关撑下来。考研这条路要走完，靠的就是那股子"一条道走到黑"的死轴劲儿。

都说高考让人脱层皮，而考研真的不亚于第二次高考。记得刚刚决定考研那会，带着满身兴奋，我走进大学东门的考研书店，买回来成套的英语真题、政治复习资料和专业教材书籍，闻着纸张上香喷喷的油墨味，我心里美滋滋的，摩拳擦掌地将它们当作美味佳肴，打定主意要每天"好好品尝"它们。

哪里会想到，到了后面，每天早上睁开眼就是政治、英语、专业课这三类课本的时候，我竟然有种生无可恋的滋味——每天 24 小时，除了吃饭睡觉去洗手间就是面对这些枯燥的课本，当初的激情早已消失殆尽，剩下的只有日复一日的苦撑。

尤其是对我这种跨专业考研的学生而言，专业课复习比一般人要下双倍的功夫不止，有时候书看久了，上面密密麻麻的字就像密码似的，单独拿出来你都认识，但一组合起来就犯蒙：这些句子和定义到底是什么意思呀？！

当时很多知识点我一时半会儿无法消化，因为放暑假，遇到看不懂的地方也找不到老师和其他学长学姐请教，又不能直接跳过这部分知识点去看后面的，所以只能死磕，去上网查资料，去从其他的知识点做延展，或者去打电话找人求助。

另一方面，那会儿学校附近正在基建，校门口的整条马路都在大兴土木，烈日炎炎之下，窗外嘈杂轰鸣，尘土肆无忌惮。大量晦涩难懂的知识点淤塞在我的脑海，把我的意识箍得紧紧的，每一天都在躁郁中和难解的知识死结做斗争，内心变得十分敏感。有时候一点点念头起来就像在心湖里投下一颗小石子，圈圈的涟漪扩散开来，整个人都陷入无名的烦闷情绪之中。

为了防止自己真的坚持不下去，我想了很多的"歪招"，比如把知识点唱到歌曲里，或者编成押韵的口诀来背诵，总而言之是想尽一切办法让自己记住难懂难啃的知识点。

如果说夏天是闷热烦躁，那冬天就是冻僵状态，尤其一过 11 月，天地间一片寒冬的肃杀之气。我还记得，2015 年冬天似乎比往年来得更早些，致使这个冬天比往年更冷、更漫长，寒风也更为凛冽。虽然回到学校的教室自习，情况反而更糟糕了，我们学校的自习室暖气年久失修，窗户上都有好几处裂缝，人坐在教室里不到一会就跟掉进冰窟窿似的，手脚冰凉，后来我的手指竟长满了冻疮。记得有一次，我和一位研友同学冻得实在受不了只能出去找教室，一间一间找，终于找到一间刚下课的教室，空调还呼呼吹着热气，我们两个欣喜若狂地挤在靠空调最近的桌子上复习了两个小时，直到教室里又要开始上课，我们才悻悻而归。

尝到这次甜头以后，我们就经常抱着书出去打游击似的搜寻温暖的教室，见缝插针地复习。

考研中我遇到过的"贵人"

现在回忆起来，考研是孤独的、艰难的，可另一方面我也感受到来自各方的关爱。

其中有三件事，现在回忆起来心里都会觉得一阵暖意。

第一件事是"抱团取暖"。

暑假那会儿，利用假期来学校附近租房的考研人不止我一个，还有同届的其他同学，相互之间也比较熟识，所以我们为了防止自己偷懒，特地建了一个考研督促群，所有人每天在群里打卡，并在晚上睡觉之前把当天复习进度在群里做汇报。如果谁忘记打卡，就会有相应的小惩罚；另一方面，在备考过程中，如果遇到不懂的地方，比如公共部分的内容，大家也会在群里相互交流、答疑。有时候因为复习或者其他杂事引发出一些不安定的小情绪，我们也会在群里吐槽诉说，相互安慰，相互鼓励。

其实一开始，我没想到这个群会对自己有那么大的影响。

随着时间的推移，尤其临近考研前的两个月，自习室里的氛围明显变得紧张，每个考研人心里的弦都绷得紧紧的，我的情绪也反反复复在低落和昂扬之间挣扎，像坐过山车一样——清晨信心满满地出发去自习室；深夜在寒风中走回宿舍的时候又怀疑起自己：所有的努力会不会竹篮打水一场空？

每当在这些幽暗的时刻，心有灵犀似的，手机屏幕总会亮起，打开一看，熟悉的头像，熟悉的人，他们一个接一个在群里习惯性打卡，将自己努力一天的复习成果发出来，像一个个火星点亮着群里的每一个人，也点亮了我的心。那个时候我竟然感受到一种革命战友般的情谊。

正是这种无言的默契，让我们这群人最终都坚持到走上考场的那一天。

第二件暖心的事情，是毕业之前老师对我的关照。

越到后期，考研复习和我的本科毕业论文的矛盾越大，人的精力毕竟有限，大部分时间都用到考研复习上，导致毕业论文开题准备不是很充分，为此我既焦虑又内疚，一度担心毕业受到影响，以致于几乎无法集中精力复习了。

幸亏，我的论文指导老师，她及时给予了我莫大的帮助。

一方面，她安抚我不要过于担心论文开题，先稳住考研复习的节奏；另一方面，她加班加点地和我一起准备开题报告所需要的材料，还经常在微信上询问我复习的进度，为我的考研鼓劲加油。现在回想起来，这些并不是她的责任和义务，可是当时如果没有她的理解和帮助，我是否可以一心一意复习到最后真的是一个未知数。

直到现在，我都觉得这些人都是我考研路上的"贵人"。

当然，还有一个贵人，那就是我自己。

第三件事，从回忆里翻出来还会感到一阵暖意的，是给未来的自己写的信。

考研过程中，每当复习进行不下去的时候，我就会和"一年以后的自己"说说话，存到备忘录里，不知不觉积累了二十多条短信，每一条短信的开头总是："你好，我是 2015 年的你……"

随便点开一条，是这样的文字——

"你好，我是 2015 年的你，离考试不到两个月了，真的好难熬啊。昨晚又闷在被子里哭了一夜，早上眼睛肿了，但我还是来到教室里看书，因为我希望你不会对我失望。我还坚持着。我想现在的你一定很感谢这个坚持的我，对吗？"

"你好，我是 2015 年的你，不知道你现在过得怎么样呢？是身在校园，还是不得不开始上班工作了？我希望你正在中央民族大学的校园里过着我向往的生活，你能听到我的愿望吗？如果真有平行世界，我是多么多么渴望能获得你的能量啊！我会加油的！"

如今看到这些，总觉得是另外一个人写下的文字，仿佛梦一场，但又万分庆幸——是的，现在的我，无比感谢当初的我。

考试：擦身而过的惊险

说到考研初试，也是让人捏把汗。

当时我们学校一共有四个人和我考同一个专业，因为校区离考场很远，为了考研当天可以准时到场，大家都提前两三天来到考场附近找宾馆住下。

　　哪知道天有不测风云，我们四个人中的一个竟然到了考试当天才发现自己没带身份证，而另一个在前往考场的路上出了个小车祸（幸亏无大碍），最后四个人只有我和另外一个女生顺利完成了考试，让人不禁唏嘘。

　　虽然这两个意外并没有发生在我身上，却是从我身边擦身而过！经过这么一"吓"，倒是让我异常珍惜起自己能够坐在教室里完成考研初试的机会来。连续两天，四场考试，每场考试我都奋笔疾书，一口大气都不敢喘，几乎在全身紧绷绷地状态下写满了整张试卷。

　　当你做完了力所能及的事情后，剩下的并不是轻松时刻，等待结果其实更加折磨人。

　　愁云笼罩在接下来的每一天里，坐立不安地，我终于熬到可以查询成绩的时刻：点开网站，一栏一栏地缩小筛选范围，颤抖着输入姓名和身份证号……几十秒的时间里，我的脑海中电光火石般闪现过无数个场面，最后手一抖……看到分数时第一眼竟难以相信，怔怔地看了好几秒，点击返回重新查一遍，才终于蹦起来！

　　进复试没问题了！

　　至今我仍清楚记得复试的时间：2016年3月31日，那也是我人生中第一次独自走进北京这座城市。一路上，想到未来的几年自己可能将在这个繁华的城市中度过，心中既感到兴奋又有许多担忧。

　　复试当天，我早早就醒来。为了让自己不那么紧张，我对着镜子模拟了几遍回答问题的样子，希望能让自己的表情看上去更加自然和亲切，毕竟面试的老师们都是在学术专业有所建树的资深教授，印象中他们应该都十分严厉。可是当我进入到复试教室之后，才发现老师们个个都面带微笑，依稀还记得当时导师组组长一见面就让我不要紧张，说："这就是一场简单的探讨，只要表达清楚你自己的想法就好。"

事实证明，轻松的心态与和谐的气氛真的有助于实力的发挥。复试的前两天，我还忐忑不安，吃不下睡不着，可一走进教室看到和蔼可亲的老师们以后，我惊讶地看到了另一个自信诙谐、对答如流、逻辑严谨的自己。毫不夸张地说，这或许是我人生中面试发挥得最好的一次，甚至比后来找工作的面试都要好。

经过复试的选拔，如愿以偿地，我在拟录取名单里看到自己的名字。这时候我才意识到自己的考研之路终于画上了圆满的句点。

我的研究生生涯，也正式开启。

读研以后的生活：活出一个全新的自己

"天外有天，山外有山，人外有人"，这是我开始研究生生活以后最大的感触。

在北京，各类优秀的人才随处可见。实话实说，我本科的学习氛围完全没办法和这里相提并论——只要图书馆一开馆，很快便座无虚席，你有读不完的文献、期刊和书籍。研究生阶段，每一位导师都会给你布置不同方面的书目让你阅读，做笔记，都是为了后期完成你自己的毕业作品做好准备。

同时，研究生阶段也会有更多自主权去谋划自己的未来——除了正常的学习之外，我周围的同学几乎都在为不同的考核做着准备，比如为留学交换项目去考托福和雅思的，为以后从事金融行业去考期货银行从业资格的，也有为了工作加分的各类职称考试；当然还有一些同学选择用空闲时间去参与兼职，早早积累社会经验，认识更多的人。

研究生阶段的你，会真真切切感受到"充实"二字的真正含义——不是填鸭式的充实，而是自主意志的充实。当时间完全交到你自己手中的时候，你便拥有更多畅想的机会，也可以自由支配精力去谋划今后的生活蓝图。

正是研究生三年，我才明白什么是应有的生活。

当然，研究生的生活是自由的，但绝对不是脱离组织的，在这里你会遇到你的导师——一个亦师亦友的存在。

韩愈有言：师者，所以传道授业解惑也。

研究生阶段，导师将成为你生活中的重要一环。我的导师 L 老师是一个绝对可以用"极致"二字来形容的女教师。她的极致不仅表现在她自己的生活上，更体现在指导我们完成毕业论文时的方方面面，她有时会因为一个名词解释得不到位和我们几个讨论一个中午，会对一些逻辑不严谨的语句进行反复修改，L 老师的这种投入精神常常点燃到我。

能成为 L 老师的学生，我很幸运。她对每一个学生都抱有很大期望，在我们身上付出很多心血，随时随地问询我们每天的生活和学习情况。每过一段时间，L老师都会将我们几个同门聚在一起进行各方面的交流，遇到什么难处便鼓励我们说出来，大家一起想办法。

记得2018年9月份，当时自己找工作的压力很大（理想的工作一直没有眉目），另外一方面在毕业论文上的进展也非常缓慢。一次聚餐的时候，L老师发现我状态不对，询问我发生了什么事情，我便将自己的担忧一五一十地讲了出来。她听完以后微笑着对我说："担心是应该有的，说明你对这些事情很重视，但是过度的担心只会让你更加不自信，影响你本来应有的水平。你们在我心目中都很优秀，只要分清楚轻重缓急，订好计划，做好每一步的准备，这样机会来临时，你们就能抓住机会。"

听完老师的话，虽然压力还在，但我的心却豁然开朗——**做好当下的事情才是解决未来问题的关键，路是一步步走出来的。**眼下最重要的事情是毕业论文，如果论文不能通过，就算未来有再好的工作也于事无补。

就这样，我把握好重心，学习如何管理时间——从暑假开始，我每天坚持6点起床，8点准时到健身房锻炼1个小时，上午9点半到中午1点半的黄金时间用来准备论文，中午午休1小时，下午2点半到5点则用来找工作、修改简历、寻找实习机会、出去面试、回复邮件……基本上找工作的时间和忙论文的时间是五五分，而且前一天就会把第二天要写的论文部分先准备好，这样每天都会有固定的任务完成量。到晚上，还会有一个小时的运动时间，规定自己必须运动完才能睡觉。

因为当时我除了找工作和完成毕业论文以外，还有一个暗地里偷偷进行的任务，那就是减肥。研一和研二的时候，我常常因为自己的身材不好而感到自卑，不敢和漂亮的同学走在一起，也不敢参加各项比赛或活动，就连买衣服也避免去实体店，害怕商场里服务员的眼神，总是在淘宝下单寄到宿舍试穿……

在当时高度自律的节奏下，我的每一天过得都很充实，时间没有一丝丝浪费。写论文，找工作，坚持运动，这样过了三个月，我的体重成功从 180 斤减到 120 斤，整个人几乎缩小了一号！就连我的同学舍友都说："江蓝，我想过谁都会减肥成功，却怎么也想不到你竟然会减肥成功！"（可见，在她们心中，过去的自己还是挺懒散的。）

其实，又何止是减肥呢，研究生生活给我带来的更多是生活态度的改变。我曾经用一年的苦行给自己赢得了一张研究生的"船票"，而事实证明，这段"船上"的岁月确实大大影响了我的人生。

结　语

文章写到这，我的故事也要结束了。2019 年 7 月份，我顺利拿到了为之奋斗三年的研究生毕业证和学位证，华丽地转身成为了一名社会人。

其实，读研生活也好，职场生活也罢，这些经历不但没有改变我，反而加强了我心中一直以来认定的一个事情，那就是：**在这个世界上，美好的事情，都没有捷径。**

人生的路很长，考研是众多美好之一。**但凡是美好的事物，都不是唾手可得的，都需要耐得住寂寞的坚守，需要持之以恒的专注，方能见到美妙的曙光。**如果你问我考研对我而言意味着什么，我会说：考研就是放弃简单的快乐，从痛苦中寻找快乐的过程。这种快乐虽然来之不易，却能滋养你的人生很久很久。

一切美好的事物，都值得你拼尽全力去为之努力。

从国家贫困县到魔都"211"，我的艰辛闯荡：不读研，你不会知道的事

讲述人：牟姑娘

经济学硕士 | 公益人 | 银行从业者。本科毕业于西北民族大学国际经济与贸易专业；硕士就读于上海大学区域经济学专业。

2020 年 3 月，随着硕士毕业论文线上答辩完成，我结束了二十多年的学生生涯，开始进入职场工作。

2020 年初的这场全球疫情打乱了每个人的生活，对于应届生来说尤其可怕——各大公司的"春招"直接消失了。尽管国家出台了一系列促进就业的政策，企业也纷纷将面试改在线上进行，但形势之严峻，只有我们这些毕业生才能清清楚楚感受到：

太多简历投递之后再无下文；

太多初次面试之后再无下文；

终面之后，企业迟迟不发 offer······

而这一切，对本科生来说更是难上加难，因为春招大军中，包含了大多数本科生和部分秋招失利的硕士研究生。降薪、裁员这些事情真实地发生在我身边，本来打算再等待更好机会的我，也只能紧紧攥住现有的 offer，并祈祷公司不会迫于疫情而违约。

经历过令人崩溃的秋招、萧条的春招，再回顾自己的求学之路，

我最庆幸的，是自己读了研。

为什么一定要读研？

我出生于重庆一个贫困县的农村家庭，父母都是农民。为了贴补家用，父亲常年需要外出打零工，母亲则一年四季在家务农，供养我和我妹妹读书。清楚地记得，"小升初"那一年，我们家面临一个艰难的选择——如果我想要上更好的中学，就必须缴纳一笔择校费，而这笔钱几乎是我父母大半年的积蓄。

饭桌上，看着父亲脸上紧绷的难色，我故意大声地说："爸，妈，我有书读就知足了，不挑什么学校，是金子总是会发光的！"

父亲苦涩地笑着，点了点头。

到"初升高"的时候，同样因为拿不出择校费，我进入了一所普通高中继续求学。高中阶段，每当考试成绩不理想，其他同学都在讨论体育、美术等特长生招考的时候，我从来都不说话，我知道那对我来说是不可能的事情。

从小到大，我都没有参加过所谓的"兴趣班"——当同龄人在学画画、弹琴、练舞蹈的时候，我正在家里帮助母亲扫地、洗衣、干农活。

对我来说，出路从来只有一条：拼命学习。如果不能考上大学，我的命运只能和大部分老家同学一样：中学一毕业就出去打工，过两年就结婚生子。

但幸运的是，我最终考上了大学，虽然是西北地区一所普通二本学校，但那已经是我能够考出的最好成绩了。就这样，在父母亲戚眼中，我是个正牌大学生了！考上大学的消息很快传遍整个县城，这在当地算得上是一件骄傲的事，就连我自己也不禁飘飘然起来：啊，解放了！只要上了大学，将来的生活就肯定没问题。

可是，随着我走出县城，我才发现自己当初的想法是多么幼稚。

进入大学以后，身边的同学千差万别——既有像我这样贫寒家庭出身的，也有家境优渥、只需要拿到毕业证就能在父母的庇护下找到一份体面工作的同学，但更多的是家里条件不错，自己也很拼的同学们——他们不仅先天条件比我好，而且比我还努力，从进入这个大学之初就在准备考出去，有些摩拳擦掌要去北上广读研，有些打算出国深造，还有些在为国家奖学金而努力……一个个仿佛都已经找到了目标，走路的时候步履之间都充满能量。

我又怎么能停止呢？

人就是这样，当你进入更大的世界，自然就向往更好的生活。

当然，让我下决心读研的另外一个原因，是严峻的就业形势。大学期间，我早早就关注就业，大三的时候也去逛了学校的招聘会。由于我的母校地处西北，并且是一所普通二本，来校招的大多是些连名字都没听说过的企业，很多是沿海工厂，甚至还有同学签到了"皮包公司"而上当受骗。而稍微有一点名头的公司，要么对我们的简历丝毫没有兴趣，要么投出去如同石沉大海，杳无音讯。于是，许多学姐学长们选择了报考事业单位或考公务员，但真正能考上且顺利就业的少之又少。这样的现实，同样让我无法逃避。

如果不考研，我还有什么其他的选择呢？

两条腿走路：一边考研，一边保研

确定要继续深造以后，我做的第一件事便是端正学习的态度。

度过了一年散漫的大学时光，大二这一年，学习重新成为我生活中的主要事项，每天晚上和周末泡自习室变成了一种习惯，以至于如果不学习就会感到焦虑。而为了让自己更少受到手机干扰，我将社交软件的消息通通设置成了静音模式，包括微信。学习的时候，以四十分钟为起点，不断延长，挑战自己不碰手机的耐力，阅读专注力大大提升。

没想到的是，就在跟自己较劲的过程中，我的大学成绩明显提升，后来竟然相继拿到了国家励志奖学金、国家奖学金，这对于平平庸庸的我是一个巨大的鼓励！于是，大三一开学，我动了保研的念头。

当时我们班上有一位远近闻名的学霸，绩点成绩常年排在学院三百多名学生的第一，而我们学校保研外校的名额本来就非常少，大概只有 2% 的比例，也就是说：一个专业基本只有一个同学能有幸保研出去读书。

强大的对手，渺茫的希望。

当时我身边几乎所有朋友都认为我没有机会，甚至我自己也认为如此。但心中始种有一丝不甘，正是那一丝不甘让我无法放下：不管怎样也要尽全力一试啊，大不了两条腿走路，一边准备保研，一边准备考研吧！

保研和考研两手抓，等于给自己分派了双重学习任务。

一方面，踏上考研这条路，首先就得查大量资料。于是，从大三开始，我就拉开阵势，整天泡在考研帮、知乎、百度、各种考研论坛上搜集信息，看考研经验帖，然后报名了考虫的课程。

另一方面，推进考研复习的时候，我的本科学业也不能落下，每一门专业课都得抓紧，绩点一旦落下，就会丧失保研资格。同时，想要保研，还得参加国家级的大型比赛，并且拿到省级前三的好成绩。于是我主动报名了自己感兴趣的比赛，为了赢得不错的成绩，毫无经验的我只能通宵达旦不断修改和演练材料，最终获得省三等奖。

尝到了这次甜头以后，我开始给自己"加压"——报名参加各种各样的比赛，希望能给自己的保研增加砝码，但这样一来，竞赛占据的时间越来越多，平日里还得忙着日常复习，我在大三上学期忙得像个疯掉的陀螺，而高强度的学习压力更是让我陷入焦虑之中，食不下咽、夜不能寐，而下降的学习效率又进一步让我焦虑，生活就此陷入了死循环。

如此状态持续两周以后，我终于崩溃了。

那是一个阴雨绵绵的周末，清晨宿舍的同学们还在呼呼大睡，我已经悄悄背起书包来到图书馆，坐下翻开书，准备开始一天的学习：上午复习专业课，下午看英语和政治，晚上准备保研的材料，简直完美！

我兴冲冲地看了一会儿书，可不知怎么，我忽然心血来潮决定给自己制定一个"大计划"，安排未来几个月的学习计划。于是我把政治、英语、专业课的学习任务一一地捋开，然后根据倒计时来计算——

我的天啊！时间根本不够用！考研剩下的日子屈指可数，而我的学习任务却一眼看不到头，绵绵无期！其实当时很多同学劝我翘掉专业课专心复习考研，但我拒绝了，因为这样会影响到我的保研，可要是按照现在这样"两条腿"的走路速度，根本无法完成复习任务，到时候竹篮打水一场空，两头都没落好：既保研不成，又考研落榜……

想到这，我的头"嗡"一下炸了，书仍然整整齐齐摊开在桌子上，而我一个字都看不下去，5秒钟过后，我冲到图书馆门口，坐在石头台梯上，把头埋进膝盖嚎啕大哭起来。

那天早上始终阴雨绵绵，天空飘着小雨，而我心里下着"大雨"，周六图书馆的门口冷冷清清，三三两两的同学打着伞经过，我抬起头看着眼前的一切，却感觉自己身处在一个幽闭的洞穴里，看不到出口，看不到未来，我一无所有的未来……

就这样，我在图书馆前面坐了一上午。

最后，我只能暂停自己的学习计划，先调整心态，既然高强度的压力让我身心不能负荷，那就只能减掉一些事情，待参加完感兴趣的比赛后，我就没有再报名参加新的比赛，留下时间专心学习。

大概是 2016 年 4 月下旬，我开始投入有条不紊的复习之中。

为了不让自己的身体和精神出状况，我在考研复习的计划里特地留出锻炼时间，每天骑自行车绕着校园兜风，或者跑步，强迫自己放空大脑。而事实证明，清晰的目标、张弛有度的计划确实能有效缓解压力，我又找回了最初的学习状态。

保研，是最先到来的"一战"。

到了 9 月初，学校开始进行综合评定，核定保研资格。为了争取保研，我已经拼尽所有，紧张、焦虑和抑郁的滋味已全部尝遍，最后时刻心里反而平静下来——我想我做好了最坏的打算。

结果没有让我意外——最终，我的竞争对手（那位学霸同学）实至名归地获得了保研资格，而我落选了。**但上天为我关上一扇门，又为我打开了一扇窗。**可喜的是，当时学校还有一个全专业竞争的保研名额，而我以 0.017 分的差距战胜了另一个自己很欣赏的对手，也是我的好朋友 J，最终获得外校的保研资格。

我还记得，当结果公布的时候，J 特地跑来和我道喜，说的第一句话竟然是："输给你我心服口服！"我当时几乎愣在原地，一句话也说不出，只能张开双臂紧紧拥抱住她。保研这一路走来，我和她都知道彼此有多努力。

为了奖励自己，我选择坐飞机去上海参加保研复试——那也是我人生第一次坐飞机。从兰州直飞上海的机票得一千多，为了省下点钱，我选择从兰州先飞到南京，再从南京坐动车到上海。

值机的时候特地选了靠窗位置，至今仍记得飞机从地面腾空而起的一瞬，我的心也揪起来，随之而来是想哭的冲动：那是我的未来，我在向着属于我的未来而去啊。当那座繁华的城市逐渐在眼前展开，我感到自己是那么渺小，却又是那么了不起。我久久地望着窗外，看着不断变化的云和下方斑斑点点的楼宇，不舍得将目光挪开，直到空姐微笑提醒我们飞机即将抵达，我才仿佛从梦中醒来。

复试过程十分顺利，2017 年 9 月，我正式开始了自己的研究生生涯。

读研以后，我所见到的真实世界

关于考研的艰辛历程，我相信一定有很多人写过了，作为一个研究生毕业的"过来人"，我更想跟你分享的是：读研究竟给我带来了什么。

读研生活对我的影响，不可量化。

生活就是一波未平一波又起，只要你不断往上走，努力就永无尽头。

读研以后的我很快就感受到和周围的人、和上海整座城市的差距。

读研的时候，我的专业有五个同学，大家都是保研上来的，其中三位同学是本校直接保研而来。比如在找实习机会这件事情上，我的同学们大多在本科期间就积累了丰富的实习经验——四大会计师事务所、世界 500 强、快消行业巨头……所以他们研究生阶段找实习的时候驾轻就熟，非常顺利；而我在本科阶段完全没有在公司的实习经历，所有时间都在埋头苦读，这便导致我在找实习单位的时候不免窘迫和生涩，连续碰了三次壁才进了一家德企。

当然，这只是一个很小的例子，其他方面诸如在学习资源、学术素养上的差距更是细说不尽。**这些差距让我深刻地明白，个人的努力很重要，但只有当个人扎根在优渥的土壤里，才能出发挥最大作用，才能开出灿烂的花朵。**

仿佛是命运的安排，就在我不断适应新生活的时候，和过去有关的人又重新出现了。

毕业两年以后，本科时期的一位男同学 M 来上海发展，我欣然地答应和他约了顿饭。

M 是我大学时期心存好感的一个男生。

我记得那个上海的冬日，那是我们大学毕业后的第一次见面，阴冷潮湿，道路两旁梧桐树已经显出光秃秃的模样，我和 M 约在火锅店相见。靠窗一边涮火锅一边聊着彼此的生活，而聊得越多，我内心的感情就越来越复杂。

聊天中，我得知 M 大学毕业以后先是去了某知名房地产公司，两年时间里换了四份工作，从西北去到了北京，又从北京来到上海，做回老本行——房地产销售。这两年里，他也面试过其他的工作，像是银行柜员，一些中小公司，但每次面试都让 M 深深地感到受挫，外面的竞争远远比当年他想象的要大——随随便便一家公司，竞争者里就有研究生、海归，甚至博士，加上他两年换了四份工作的履历更是让每一个公司的 HR 心存犹豫。

说到这些经历时，M 是笑着的，但我看到他眼角漾出的细细的鱼尾纹，那一瞬间，我的心充满了一种无言的无力感。

本科时候，M 是我们系的焦点，长得高高帅帅，意气风发，总是一身白衬衣，篮球场上永远是女生目光追逐的焦点，期末考试就算挂科也不影响老师对他的喜欢。在我心里，M 始终还是大学里的那个俊朗少年，怎么都不该是眼前这个迷惘与局促的男人。

生活让人饱经风霜。

"还没有准备好，就突然一下被推入社会的浪潮中，推推挤挤地活着，一眨眼两年就过去啦。"寒冷的冬夜从火锅店走出来，M 苦笑着对我说。

是啊，普通的学习成绩，普通的家庭背景，普通的大学本科，读书的时候懵懵懂懂，毕业的时候毫无准备，我知道 M 已经不再是那个少年的 M，而如果我当初没有准备读研，或许他的经历亦会是我的经历。

在上海这座城市待久了，人自然而然会多了几分紧迫感。当时我已经读书到研二，虽然对未来已经有了大致方向，但仍然不敢松懈，一边准备毕业论文一边实习。研究生阶段我总共经历了三段实习：两家 500 强外企，一家中型咨询公司。正是在这些实习经历中，我不断明确自己的目标，掌握更多的技能，尽力减小自己和身边同学的差距。

如果说学校、本科同学之间的巨大差距让我震惊，那关于地域的差距真相则让我难以释怀了。

当年在兰州上大学时，我们经常在宿舍点外卖，外卖有时是由学校的同学兼职送，有时候则是饭店老板自己家的孩子送，有一次我点的外卖是由一个十来岁的孩子送的。

我记得很清楚，那个孩子个子瘦瘦小小，费力地站着踩自行车，骑车到我们宿舍楼下。当他将外卖递给我的时候，手上是满是粗糙的茧，脸蛋被冰冷的西北风吹得通红，显示出西北人特有的黑红。接过外卖的我心里有种说不清的滋味，因为我太熟悉他手上的茧了，小时候我帮妈妈做家务、割草，冬天手上也会出现这样的茧，我的左手上至今都还留有年少时割草的伤疤。

穷人家的孩子早当家，我太懂了，小小年纪只希望帮家人承担一些重担，那个兰州孩子的模样至今深深刻在我的脑海里。

来到上海读硕士之后，有一次学校举办党员活动，全体研究生的党员去参观孔庙，而负责给我们讲解孔庙历史的，竟然是一个不到十岁孩子。

这个孩子衣冠楚楚，举止大方，声音洪亮，对着一众比他大十几岁的我们，丝毫没有怯场。他的语调平缓富有感情，没有一丝背诵的痕迹，我们在场的几十个研究生，就这样围着年纪小小的他，全神贯注地听他讲解。讲解完之后，没有人带头，所有人自然而然地给他掌声，而那个孩子仍旧是一副落落大方的模样，接受了我们的赞扬。

多么优秀啊！说实话，哪怕是在场的研究生们，也很难做到在陌生人面前这样不疾不徐、稳重大方。

人群中的我，恍惚了很久。我又想起了兰州那个送外卖的小孩——

这两个孩子有着相仿的年纪，站在各自人生的起跑线上，却是云泥之别。他们大概连同台竞技的可能都没有吧，几乎是两个相互隔绝的阶层，而我，不小心瞥见了这样的差距。

如果不是出来读研，我甚至想象不出这种差距，更遑论切身体会。

要说起读研带来的好处，应该包括更好的资源，更好的实习和工作机会，读研确实给我提供了这些实实在在的东西，但最重要的是它提供给我更宽阔的视野，让我找到关于生活的意义。

研究生阶段的最后一年，因为学校组织的一次校外导师项目，我结识了我的校外导师。由于她的介绍，我加入了一个致力于改进乡村教育的公益项目，成为了一名长期志愿者并成为核心成员。

从小的求学经历和读研以后看到的差距，让我一直以来对乡村教育无法释怀。一路走到现在，我是幸运的，但我知道在广大的乡村还有很多像我一样的孩子，他们没有那么幸运，他们需要有更多的机会。

在这个项目里，我遇到了许多优秀而专注的同行者们，他们有来自清华北大名校学生，也有来自普通高校的学生，他们来自各行各业——律师、老师、企业家、科研工作者……因为有着共同的理念和关切，在改进乡村教育的项目上我们走到一起，发挥着自己的一份绵薄之力。

积沙成塔，积少成多，在越来越多人的努力之下，这个项目多次被央视、人民日报等媒体报道，我为此感到深深的自豪。

这些感悟、收获和认识，让自己从过去那个"小我"走向一个更大的"我"，而归根结底，这一切改变的契机就是读研。

　　我知道，此时此刻的你或许正瞅着小山似的考研资料而焦虑；或许刚刚因为答不出一道模拟测试题而焦虑不安；或许正处于坚持还是放弃的抉择边缘……但我想告诉你的是，只要你闯过眼前这一关，前面就是开阔的世界，那里有大山大海，有星空明月，有一个更明澈更丰富的自己在等待着你！

　　请紧紧抓住属于你的机遇。就是现在。

从专科生到研究生，从超市妹到教师，这一路我如何走来？

讲述人：王小明
教育硕士，特殊教育教师。

我之前路，皆尽坎坷。

——本文作者

一个平凡人的故事

这是一个平凡人的故事。

现在的我，在一所中学担任老师，拿着不算高的工资；有一个爱我的普通男人，两人即将组建家庭；工作以后，我的父母关掉了苦苦经营 6 年的小超市，用我的公积金买了套小房子，过上小康生活……一切步入正轨，我开始考虑是否继续读博，对未来终于有余地进一步规划。

这一切听来并没有多么光鲜亮丽。天之骄子，总是人群中的少数，我用尽全部力量，不过是过上了一段平凡的人生。

但只有我自己才知道，如今的"平凡"是多么来之不易——**当我知道专科生也能考研的时候，生活好像忽然给了我赦免权，我拼命地抓住，再也不愿松手。**

我的故事，要从十年前说起，那时候的我是个彻头彻尾的学渣。

学渣、父母和家里的小超市

我出生于一个普通的工薪家庭，父母以前都是工人，后来厂子倒闭，一把年纪的父母下岗失业，日子过得十分艰难，便经营起一家小超市。两个人一年四季从早忙到晚，睡眠时间从来没超过 6 小时，就连吃饭也只能窝在收银台旁边站着吃。小超市租的是一间西厢房，冬天冷夏天热，加上每日劳累让爸爸腰上的病更严重了，常年贴着膏药度日。即使这样一年到头起早贪黑地忙，面对大超市的挤压，小超市的生意依然不好做，父母赚到的钱只能勉强度日。

成长过程中，我也曾想要外出打工，为家里赚些额外收入，但是父母坚决不同意，一是他们看我是女孩，不忍心我小小年纪就出去打工混社会；二来还是希望我能多学知识，以后成为一名教师，过上教书育人的生活。

可是中学时期的我，却让父母操碎了心。

初三升入高中那一年，一方面因为不适应高中快节奏的学习生活，再加上在学校遭到了某些同学的歧视和霸凌，导致我的高中成绩一蹶不振。为了逃避现实中的屈辱和孤独，我开始沉迷于网络，泡网吧。一周七天，我几乎有三至四个晚上在网吧通宵打游戏，第二天就在课堂上睡觉，你可能想不到，一个女孩竟然如此叛逆。有一次，我在班主任的课上睡着了，耳边忽然一声炸响，班主任的书正好砸在我桌上，她一脸暴怒对着我吼到："王小明！一到我的课你就睡大觉，注意你好几次了！晚上干嘛去了？明天喊你妈过来！"

为了我的事情，父母没少操心，但或许是出于自尊，或许是因为青春期的羞涩，我自始至终都没有和老师、父母倾诉自己在霸凌中受到的委屈和心中苦闷。整个高中生涯，一边是某些同学的歧视，一边是父母的压力、老师的责怪，现在回忆起来我的青春期都好像是一场噩梦。

我怪过别人，但更埋怨自己——如果当时的自己懂得求助，或许我的青春会是另外一种青春。

就这样，意料之中地，高考那一年我以超低的分数去了一所学费昂贵的专科学校，让不富裕的家庭雪上加霜。我的高考分数低到什么程度？我家附近那一片儿有一个混社会的小头头，就连他的高考分数都比我高。

进入专科院校以后的我，丝毫也没有悔改，而是继续沉沦着，每天独来独往，持续旷课打游戏。宿舍里七个人有六人成功"专升本"，我成了那个唯一一个没考上的。

前方竟然还有路

可想而知，凭着一张专科文凭，能找到的都是最底层的工作，尤其回到老家这个贫穷的北方小城，就业机会更是少得可怜，不外乎就是在一些小公司给人端茶送水，或者去商场帮人卖卖东西一类活计。

毕业以后，我进了一家小公司当秘书，其实是给人干杂活。没干一星期就被父亲拉回了家，让我辞职，我不愿意，父亲一怒之下说："去外面打工，不如在家里打工，你不想读书那就在家里帮我看超市好了！"最终我犟不过父亲，辞职回到家里，主要负责给小超市收银，有时候帮母亲做饭干家务，成了一个名副其实的待业"超市妹"。

日子一天天过去，我心里知道这样下去不行，还是想出去找点事情做，但一看到父母的脸色就不敢再提。又过了一段时间，家中氛围缓和了一些，一天，父亲在饭桌上语重心长地对我说："小明啊，别老想着出去打工。打工着啥急？你先考两年教师资格证试试，如果考不上教师招聘，以后打工的日子多去了！"

原来，父亲和母亲不忍心让我就这样进入社会摸爬滚打，也不愿意看我真的沉沦，他们始终没有放弃一个念头，那就是让我当一名老师，过上育人教书的体面生活。那一天，我好像忽然长大了，一下明白了父母难言的苦心——他们每天看我在超市里魂不守舍，无所事事，比谁都心焦，但他们怕刺激我，怕我不听劝，一直在苦苦等待一个合适的时机让我能够重新"走上正轨"。

想到这，我的心里五味杂陈，愧疚得眼泪都要出来，我毫不犹豫地答应了父亲的建议：参加教师资格证考试！

于是，大专毕业以后，父母依旧养着我，让我安心准备考试。我家小超市的二楼有两间屋子，稍微大一点的那间房环境好一些，父亲将它归了我，他和母亲两人则搬出来挤在另外一间逼仄的小屋子里，这让我很不好受。

我们家没有装空调，夏天热得要命，冬天冷得不行。记得那一年秋天刚至，暑气未散，房间里闷热难耐，为了通风我开着窗，却还是看不进书，黑色的印刷字体歪歪扭扭的就像是很多黑色的小虫子，看着看着我犯起困来，睡了过去……迷迷糊糊之间睁眼发现那些小虫竟然动了起来，吓得我直接跳起来，原来是从窗户外爬进许多黑黢黢的小虫子，全在我的桌子上。我不敢抓，可忽然我脖子上一阵奇痒，伸手一挠竟然掉下一只，明目张胆地在书桌上慢悠悠爬着，我发了疯似的拿起本子"啪啪"拍了好几次，将这只小黑虫打得面目全非。

那段时间真的很难熬。

当时，我最好的朋友考研失利了，于是她把我从家里拉了出来去本地一所大学的图书馆里自习，两个人一起看书，也算是互相陪伴。我学习教师资格证考试的知识，她则继续准备"二战"。就在这个时候，我突然想到一个问题：不知道专科毕业生能不能考研呢？

于是我当场打开手机，查找了几所院校的研究生招生简章，发现不同的院校对专科报考的要求不一样——有些院校需要高职高专毕业满两年，获得英语四级，或者出具八门本科成绩单才能以同等学力身份报考，而有些院校只需要高职高专毕业满两年，并且在复试的时候加试两门专业课即可报考研究生。

我彻底动心了：专科毕业，真的可以直接考研究生！我的前方竟然还有路！

好友听到我想要考研的想法，当场眼睛都亮了，一个劲儿劝我："能考就考嘛！就算拿到了教师资格证，多个硕士学位肯定也是好事啊；如果考不上教师，安心读完研究生出来就业面也更广。"

猛然间，我想起了之前自己失败的"专升本"考试，想到了爸妈春夏秋冬苦苦守护的小超市，想到毕业以后自己还从未给家里带来过一分钱的收入……我陷入了深深的自责，也感到了一种从未有过的觉醒：

我要考研！

回家把这个想法跟家里人一说，父亲当场说：**读！你读到哪，我们就供到哪。**

"一战"，意料之中的失败

当时距离初试只有两个多月，但我还是毅然决然报名了。

那会我正在社区当民生志愿者，算是半份正式工作，到 11 月份，因为工作占据了太多时间，没办法我只能递交辞呈。没想到这件事却在亲戚那里掀起轩然大波，对我非常不满，因为这份社区工作是亲戚托人给我找的，他们打心底认为我不是读书的料，更不用提考研了。在他们看来，如果能顺利留在社区工作，那简直就是我的"人生巅峰"，而我居然不感恩、不珍惜，还辞职，简直是不懂事。

不过，面对越来越临近的考研时间表，我已经没有任何心思去理会他们的牢骚了。

当时我的房间没有学习桌，干脆就在床上支起一台小桌子复习，每天从早上睁开眼，到晚上阖眼睡觉，除了固定的一日三餐和上厕所之外，我从不下楼。时间紧张到什么程度呢？我最爱吃玉米，爸爸每年冬天煮菜都会加上几块，但是因为啃玉米太耽误时间，那一年的整个冬天我都没吃过玉米。

说说和考试相关的部分吧。我是专科生 + 跨考，从计算机专业跨考到教育学，本来是风马牛不相及的，但由于自己之前一直在备战教师招聘，和考研专业课有一些重叠的部分，所以比纯粹的跨专业考生要多一点点优势。

另一方面，在备考教师招聘的过程中，我也由衷地喜欢上了教育学这门科学——通过不断回溯和印证自己的青少年经历，我慢慢发现，很多家长虽然爱孩子，教育方式未必正确，他们只不过是在重复自己小时候所接受的教育方式而已。在原生家庭里，教育手段是会遗传的，无论它是否合理。

经历了这些思索，我已不满足于仅仅获得教师职业，而是真的想要在教育学道路上求索，走得更远一点了。

第一次考研，我根据自己的能力选择了家乡附近的一所"双非"师范院校的学术型硕士。在复习的时间分配上，专业课、英语和政治的比重约为 4∶4∶2。

虽然学校不是名校，但学术型硕士，尤其专业课要考教育类的311 大综合，这对于我一个专科生来说还是有些吃力的，而且"311"是全国统一卷，参考书比较多，两个月时间根本看不完，紧赶慢赶我也只是在考研之前借助网课将书本囫囵吞枣过了一遍，历年真题只刷了最近几年的。

我想你可能也猜到了，第一年考研我失败了。一方面是自己的基础实在是太差，二是复习时间太短，所以自己其实也没抱太大的希望。分数出来之后，我发现自己的分数与 B 区分数线仅仅差了一分，这个结果非但没有让我沮丧，反而给了我新的希望——在零基础、复习仅仅两个月的时间里竟然能做到这样的程度，我觉得自己完全可以再考一次！

第一次考研，在我心里更多是一种对希望的致敬和致谢，它就像灰暗生活中透进来的一丝光，提醒着自己：我还有学习和进步的空间，就算是一次失败，仍然弥足珍贵。

于是，经历了第一年的铺垫之后，我开始着手准备"二战"。

"二战"，学业和事业的之间抉择

第二年上半年，我所在的城市举办了一次教师招聘考试，我能报名的岗位只有一个，就是县城里的小学教师，我准备试试。没想到考了个第二名，但自己并不想当小学老师，而且教学职位和我的专业也不相符，于是便放弃了这次岗位。

很快，研究生考试报名也开始了，有了第一年的经验，这次我报名的是专硕，加上好朋友的建议，我大胆填报了一所"211"大学，也是唯一一所专科考研不受限制的师范类院校。

这一次我的复习时间比之前大大充裕。回想起来，两年的备考也确实让我对考研脉络更加熟悉了一些，借这篇文章，我也列出了几个备战考研的小贴士，衷心希望对你能有所帮助——

● 关于复习计划

从现在看来，我仍然坚持一条：考研计划列得越详细越好，最好精确到每个小时。

当时我为自己做了一个考研时间规划表格，一个格子代表一天，在里面写好每一天的学习内容。比如：政治做题 2 小时、英语单词 2 小时、英语刷真题 2 小时、专业课看书 4 小时等，做完一项就划掉一项，等把全天的项目全部划掉后，就会特别有成就感。

● 关于运动

如果你有运动的习惯，考研期间请一定要坚持下来。

学习是非常费脑子的事，而运动不仅能放松大脑，还能锻炼体魄和意志力，帮你更好地投入到学习中。最后到了复习的冲刺阶段，除了知识能力，其实还有一项至关重要的竞赛，那就是考生之间精力状态上的比拼。好身体才是革命的本钱。

● 关于思维导图和记忆术

思维导图和记忆术是我在背题时用到较多的两种工具。

思维导图能帮我更全面地把握知识结构，提炼出重点内容，后续总复习时只要看思维导图，就能大概回忆起每个知识点。而用到记忆术是因为文科需要背的内容实在太多了，只凭死记硬背，有些小知识点总会出现遗漏。再加上我的记忆力很差，学过的东西经常很快就会忘，所以在记忆的时候，更不能死记硬背，我选择了**巧妙运用记忆术——从要背诵的每一句话里提炼出几个字，再排列组合成有意义的句子。**

举个例子，我们专业课里当时有一个知识点是"教材编写的基本原则"，答案是："坚持科学性，突出思想性，确保基础性，注重可接受性"。于是，我把每一句中的"科""思""基""接"四个字提取出来，调整顺序，根据谐音组成一句话——"皆（接）想柯（科）基"。因为我自己特别喜欢柯基犬，正好表妹也想要养一只柯基，但我们都没养，所以这句话让我印象深刻。平时我只需要记住这四个字，答题的时候就把这四个字拆开来回忆，再扩句，每个字就是一条基本原则。因为柯基这种狗狗真的太可爱啦！所以这个知识点我直到现在都还没忘。

好，接着往下继续说我的故事吧。

第二年 11 月份，复习冲刺的日子又到来了，这时我却突然收到新一轮教师招聘考试的消息，而这一次的教学岗位很吸引人，是市里一所不错的中学招聘老师，而且正好有我的专业，待遇各方面也非常好，完全能帮家里减轻一部分经济压力。

招聘简章出来后，妈妈有点犹豫，她小心翼翼对我说："小明，如果能考教师，咱们还是先以工作为主吧！"我笑了笑，明白父母的难处，赶紧说："妈，放心吧，我肯定会去参加教师招聘考试的，您不要担心，考上了我就去上班！"

说实话，我心里有些犹豫，毕竟，考研是我的梦想，"211"更是我心中的理想院校。**但是，梦想有，我也得先填饱肚子，自己之所以能撑到现在，全靠父母替我扛着。**

所以，为了父母，这次的教师招聘我不仅得考，而且还得认真准备。

另一方面，当时还有来自家族的压力。亲戚们对我一直不就业，常年在家学习这件事的意见很大，但我被父母保护得很好，所以太多流言蜚语没有传进我的耳朵里。后来，我参加完这次教师招聘考试，出人意料地拿到了笔试第一的成绩，我兴奋地将消息告诉姑姑，希望她能帮我把好消息转达给爷爷奶奶，可是当我去奶奶家玩的时候却发现他们并不知道我教师招聘笔试得了第一名的事。

姑姑把我拉到一边，悄声对我说："现在不是刚通过笔试吗？后面还有面试吧？最终结果没定，现在就先别告诉他们了。还有，这次考完试，小明，你是不是该去打工了呀？别整天在家学呀学的，能学出个啥子名堂哟！"这时我才知道，在他们眼里，我一直是一个眼高手低、永远在学习却什么都考不上，还不愿意出门工作的啃老族。

后来，我顺利通过了面试，最终考上了教师职位，同时也准备着考研。没过多久，第二次考研的成绩也出来了，国家线过了，但是学校的分数线没有通过，于是我开始着手准备调剂。

现在想来，命运真的待我不薄，很巧的是那一年正好赶上新政策，非全日制的研究生，与全日制同属一个分数线的，可以彼此之间互相调剂。于是，一半靠努力，一半靠命运的恩赐，我最终成功调剂到一所离家很近的师范院校，开始了一边教书一边读研的理想生活。

后记：我所认为的考研之"真谛"

这就是我的考研之路，一路磕磕碰碰，好不容易才迈入研究生的大门。

一眨眼，三年的时间过去，今年我正好研究生毕业，因疫情导致上半年很多事情无法推进，后来在短短五天时间里，我经历了拍婚纱照、单位复课开学、研究生论文答辩三件大事，好在，最终一切顺利，都如愿以偿地完成，此刻得以安然地坐在电脑面前写下这段故事。

或许，我的故事有些平凡；

或许，我的故事少了些高大上的元素；

或许，我的故事里有属于自己对生活的妥协。

正如一开篇写到的，这仅仅是一个平凡人的故事。而平凡人的生活，往往就是在现实、梦想和机缘的三重力量推动之下而形成的。

我虽然没有考上"211"，也没有创造什么奇迹，只是通过不断的学习，通过自己的双手将命运轨迹稍微改变了一点点，但是另一方面，我却收获了一份巨大的财富，一份足以影响我整个人生的财富，那就是通过考研，我重新认识了教育——

通过那段时间的学习，我明白了"教育，是一棵树摇动另一棵树，一朵云推动另一朵云，一个灵魂唤醒另一个灵魂"，也明白了什么是"学为人师，行为世范"，我用这份理解重新看待自己的成长，重新定义自己的未来——

我绝不会站在孩子们面前偷懒，却虚伪地告诉他们劳动最光荣；

我绝不会一边接过家长的红包，一边道貌岸然地告诉孩子"君子爱财，取之有道"。

孩子们的灵魂尚且稚嫩，选择成为老师，我就必须守护住他们心中的一份净土，去做一个正直的榜样。这是个听上去很简单的愿望，但我知道这个愿望得花一辈子时间去实现。

还记得 18 岁高考之后填报专业，我完全不明白自己真正想要什么，但是通过考研、通过读研，我爱上了自己的职业，爱上了教育。因为考研，我的生活完全自洽了。

对我来说，考研不仅仅只是一场考试，更是一场对自我的教育。

现在我过着平凡人的生活，白天和孩子们待在一起，晚上回家陪伴家人，但只要有属于自己的时间，我仍然在学习、运动、查找关于教育的前沿资料、写日记和教学心得……这些都是当年备战考研时留下的习惯。

我从来不觉得考研之后，人生之路更平坦，更不觉得考研是生活难题的万能解药。相反，**考研是打开自我的开始，而人一旦打开了自我，就会发现漫漫长路上还有更多新的目标，新的挑战。**

世间万物，都有向上生长的愿景。

我想，阅读这篇文章的你，或许正在复习，或许正要打算考研，不管怎样，不要瞻前顾后，不要畏畏缩缩，为了心中的目标倾情投入吧！我不会告诉你结局一定是完美的，但我能向你保证的是，拼尽全力就一定不会后悔。

有些事情做完了，益处是一时；

有些事情坚持到底，益处是一生；

而考研这件事，是后者。

一位上海戏剧学院编剧的心路历程：
如何把兴趣发展成事业？

讲述人：徐　弘
上海戏剧学院 2015 级戏剧影视编剧 MFA，"三跨""二战"考研。

> 一个人生命中最大的幸运，莫过于在他的人生中途，即在他年富力强的时候，发现了自己的使命。
>
> ——《人类群星闪耀时》·茨威格

一眨眼，我已经从上海戏剧学院毕业快两年，目前是一名独立的影视编剧，虽然偶尔也会因为工作而烦恼，可毕竟是自己热爱的事业，因此就算烦恼，也是痛并快乐着。

在很多人眼里，我是个幸运儿——能够在 20 出头的年纪发现自己的兴趣，将其发展成为事业，并准备为之奋斗一生，过一种有文字和艺术陪伴的生活。

但实际上，这条自我探索之路，我走得并不容易。

上海戏剧学院，众所周知是国内首屈一指的艺术院校，早年涌现过很多戏剧界的泰斗级人物，如今则出过胡歌、郝蕾、李冰冰、徐峥等太多耳熟能详的明星和影视人才……在有志于戏剧创作和影视表演的莘莘学子心目中，"上戏"可以说是梦一般的求学殿堂。

而我呢？是一名"三跨"考生，本科读的不是戏剧专业，而是毫不相关的英文，母校也只是一所普通一本，既非"211"，也不是"985"，是考研给了我重生的机会，让我找到了自己的热爱和使命。

可以说，考研，是我通往梦想之路的那座桥梁。

但说起来很多人都不相信，一直到大四之前，我都没有考虑过考研，也没有考虑过自己想要什么。

我的成长历程如果用八个字来概括的话，那就是：**后知后觉，跌宕起伏。**

一念之差，开始了我的创作道路

我出生于一个普通的工薪家庭，和和睦睦，勉强小康，虽不缺吃穿，但是也没有到大富大贵的程度，一个现实情况是：如果我能早一点大学毕业，早一点参加工作，就能早一点减轻父母的经济负担。

所以，大四之前，我始终是抱着一毕业就参加工作的念头。

我本科就读于浙江的一所普通一本，虽然不是名校，但是在浙江本地的名声还行，要找一份工作也不算难，只是有一个致命的问题，那就是我并不喜欢自己的专业：英语。

当年进入外语学院，其实是阴差阳错，因为浙江的高考的录取方式采取平行志愿，也就是说只要到达浙江高校的录取线就都不会退档，哪怕没有到你想要报考的专业分数，也会被调剂到学校其他分数相对低的专业。于是，我就被调剂到了外语学院。

大一那年，我还试图挣扎想要换专业。可进入大学不久，我跟绝大多数的同学一样，开始了优哉游哉的咸鱼生活，毕竟不用学高数，不用做实验，考试也不容易挂科，外语学院的日子比我想象中的"好混"很多，所以换专业的事情也就一日日拖下去，我也心安理得地留了下来。

可没想，就是这么懒惰的一念之差，竟然催生出了我的创作之路。

从小我就是一个内心戏丰富的人，最优秀的学科就是语文。毫不夸张地说，小学一年级开始，大大小小无数写作比赛的奖状我拿到手软。文字对我而言，就像是天生的好伙伴，信手拈来，轻轻松松就能幻化出一个个温馨可爱的故事。

大学之前，迫于高考压力，我把所有精力都放在了学习上，根本不曾想过创作自己的故事。进入大学以后，外语学院相对松散的生活忽然让我多出很多闲暇时间，于是生出一个念头：为什么不把这么多年存在心里的故事都写下来呢？

村上春树在自传《我的职业是小说家》中说，他是在观看一场球赛时突然出现一种"我也可以写作"的念头，而我则是在大一暑假一个炎热的午后，突然决定创作自己的第一篇小说。

那时候，我对网络小说一无所知，写完以后只是随意找了几家网络平台发表，没想到后来竟有几个网站的编辑联系到我。就这样，我意外地成了一名网络作者，懵懵懂懂走上写作之路。

一旦开始，我压抑许久的创作热情就一发不可收拾。接下来的两年，我几乎每年都会完成两到三部小说，小说的稿费足以支付我的生活费和学费。对于一个来自平凡家庭的孩子而言，能够自给自足，真的是一件很骄傲的事。

不知道是不是喜欢写字的孩子都一样，我从小生性腼腆，不爱出门，也不喜欢参加太多外界活动，而写作既不需要奔波，也不需要与太多人打交道，只需一台电脑就可以，这真的是为自己量身定制的生活方式。

而另一方面，除了写网络小说，我也开始试着写短篇小说，并陆陆续续在一些杂志上发表。每当收到杂志的那一刻，看着自己的文字化作油墨印在纸上，骄傲欣喜的心情难以言表，经常忍不住捧起书来把脸蛋深深埋在清香的油墨之中。

创作带给我的，不仅是经济上的独立，更是内心的满足。

当一个人知道自己喜欢什么，并能够为之持续地努力，那种感觉太好了——就好像"咔嚓"一下每个齿轮都卡对了，没有拧巴和痛苦的磨合，生活就这样持续地运转起来。

从"野路子"到第一次接触编剧

不过，这时候我的创作还是"野路子"，写的都是小说和故事，直到大三那一年，通过社团，我第一次接触到戏剧与编剧。

至今我仍然特别感激一位大学老师，她当时担任我们话剧社团的指导老师，其本身就是一位出色的科幻作家，出版过多本科幻小说，并且获得过中国科幻"银河奖"。是她带领我认识了戏剧，让我知道了编剧这个行业的存在。她和我们聊起她的大学时代，聊到她曾在大学创立的戏剧社，并鼓励我们大胆创作和演绎。大三那年，在她的介绍下，我开始阅读莎士比亚，开始接触欧美戏剧，是她为我打开了一扇全新的大门。在此之前，我对编剧一无所知，所谓的影视行业，更是跟我这个平凡的女孩毫无瓜葛。

可是有的时候，命运就是那么神奇，暗中早已一笔一划，写好了剧本。

不知不觉，大四开始，所有人都开始为毕业做准备，身边的朋友们陆陆续续都在准备考研，看着他们热情洋溢地买来各种考研书籍，我也忍不住开始思考自己的未来。

那时，虽然自己热爱小说和戏剧，但文字始终只是"兼职"，我并没有将它当作谋生的主业，更不敢设想自己会成为一名真正的编剧。

可生活从来不会等待一个被动的人，时间会推着你走，直到将你推到一个退无可退的地步。

那是一个温暖的夜晚，我刚从图书馆出来，夜风徐徐，走在校园中，我看到身边的人每一个都步履匆匆，脑子里忽然冒出一个问题：如果此时此刻我什么都不做，等待我的未来是什么？

只有一条路：找工作。

那么，结合我的专业推断，如无意外，毕业以后不外乎这么几条路——

1. 英文老师

2. 银行

3. 外贸公司

4. 考公务员以及事业单位

有兴趣吗？

没有。

从事一份毫无兴趣的工作，是我期许的生活吗？

不是。

想到这里，一阵恐慌朝我袭来：不要，这样的未来不是我要的！好像溺水之人忽然找到一根救命稻草，我几乎立马下决心：**考研！我必须考一个跟写作有关的专业！**

我记得，那时是晚上九点多，当即我给父亲打了个电话，电话那头的父亲已经有些困意，突然接到电话还以为我发生了什么意外。

我握着手机，沉默几秒后才开口："爸爸，我想考研。"

电话那头的父亲也沉默了好一会儿，他大概没想到，之前一直说着毕业工作赚钱的我，突然会做出这样的决定。

但最终，家人还是支持了我。

"你自己做决定就好。爸爸妈妈现在还不算老，家里也还不需要你着急工作。"

挂掉电话，我蹲在地上，眼眶一阵一阵地发热。

传说中的艺术名校，我可以吗？

取得家人的支持后，我却陷入新的困惑：考研报哪个学校、哪个专业呢？

我开始在网上疯狂搜索与写作有关的专业——浙大、复旦等高校都开设有创意写作专业，其他一些知名院校也设有新闻传媒专业，除此之外，中文系也在我的考虑范围之内。

但是经过一番搜寻，我发现这些专业大多以理论为主，或者写作内容并不是我热爱与擅长的故事类创作，苦苦寻觅一番以后，终于我的眼前一亮："上海戏剧学院戏剧影视编剧专业 MFA（Master of Fine Arts）"几个字映入眼帘。

从网上寥寥的专业介绍来看，我知道了这是一个偏向于实践方向的专业，主要教授学生戏剧影视剧本的写作。接着，我又想法子从考研论坛等网站进一步搜寻关于这个专业的信息，却一无所获！因为上海戏剧学院本就是一个很小的学校，每年招收这个方向的学生不过寥寥十来个，哪怕这几年扩招后，也依旧少得可怜。

但最终，我还是幸运地在微博上找到了一个"上戏"同专业的学姐，壮着胆子给她发了私信，学姐十分热情，告诉了我许多与专业相关的知识，尤其是其中一个重要信息：**在戏剧影视编剧 MFA 学生的日常学习中，理论课程是一部分，实践才是最重要的。**对于戏剧写作而言，动笔是根本，但动笔之前还需要做很多准备工作，所以学生们得去各地采风、体验，而完成写作之后，还要和导演、舞美、服化、表演等专业的同学一起合作，最终才能把自己的作品呈现在舞台上。

总之，这是一个对我充满挑战与惊喜的专业。

不过，这样一所传说中的艺术名校，我考得上吗？

循规蹈矩，是身边大部分人对我的印象，作为一个从小到大按部就班的乖乖女，在人生的关键选择点上，我却展示出了惊人的坚持与胆大。

有了之前的写作经验和肯定，我决定不再给自己后悔的机会——上海戏剧学院，就考这个了，我在心里默默告诉自己。

不过，形势比我想象的要严峻很多。

一眨眼的工夫，大学前三年玩儿似的过去了，对于英语专业的学生来说，大四反而是极其艰难的一年——不仅要准备毕业论文，还要准备下半年的英语专业八级考试，而考研的同学，又得在这两重压力之上，再给自己增加一重压力。

尤其是我，准备考研的时候已经是大四之后，留给我的备考时间并不多，不对，不是不多，而是特别少！少到仅剩两个多月。你没有看错，相比于那些早早开始准备的同学，我的考研看上去就像是儿戏，**我只有两个多月的时间。**

这时的我只剩一条战术，那就是速战速决，效率第一。所以在不到三个月的时间里，我采取了高强度和高效率的复习方式。

大致的复习情况是这样的——

上海戏剧学院的戏剧影视编剧 MFA，除去所有人都要考的英语和政治之外，还有两门专业课：艺术基础和剧本评论。因为我本身是英语专业的学生，同时在准备"专八"，所以直接把考研英语略过，只在临考前一周做了几套考研英语真题。

另一方面，专业课的剧本评论也很难通过突击来进步，就跟高考语文作文似的，漫天撒网你也猜不到具体的题目，全靠平时的阅读和写作积累，于是我索性也没在这上面花太多时间。

我把主要时间都花在了政治和艺术基础上，这两门虽然内容完全不同，但是都有相同的特点，那就是内容繁杂而广泛，乍看之下，让人无从下手。**但是相似的特点，就意味着可以用相似的方法来攻克。**对这两门课的复习，我采用的是自己总结的方法，简单来说就是三句话：**从大到小、从粗到细、从做题到纠错。**

对于要复习的内容，先大致梳理框架，再逐步细化到每一个章节，然后再进入做题阶段。做题也有讲究，我习惯用铅笔做题，完成后擦去痕迹，过一段时间再回头重新做一遍，如果是屡次做错的题目，则会专门记录在纠错本上。等到临考前一周，再将之前反复做错的题目拿出来巩固。

整体来说，备考时间虽不长，但每天早上 8 点到晚上 11 点，排得满满当当，中间一天都没有休息过。而且，可别以为我这 15 个小时都是在复习书本知识，当时我还肩负着其他"重任"。

与其他备考专业不同，戏剧影视编剧非常重视实践，可对于非本专业的我而言，连剧本都没读过几个，就算初试过关了，到时候复试要和老师们谈论剧本，又该怎么办呢？

于是，为了增加对这个专业的了解，我开始在网上寻找与编剧有关的各种信息。冥冥之中仿佛有上天安排，我看到了一个编剧比赛的广告。

当时我连剧本格式都还一知半解，但比赛只要求提交故事大纲和角色人设，我兴奋地一拍大腿：写小说不也需要这些东西吗？试试呗！

于是，在准备考研、专八和毕业论文之外，我又生生给自己增加了一项任务：写出一个 20 集的剧本大纲和相关角色人设。

回想起来，那是压力巨大又格外充实的两个月，也是我人生中最宝贵的经历之一。我记得每天半夜爬上床的时候，明明已经非常疲惫，却还是强打精神回想今天做了什么，计划好明天要做什么，一条一条将清楚才敢入睡。

就这样，考研的前一周，我把写完的 20 集剧本大纲发到了比赛邮箱，接着就去参加研究生考试了。

考研初试的结果让我高兴得几乎昏了过去，仅仅凭借两个月的复习冲刺，我不仅过了初试，而且还是专业第二！于是我信心满满地登上了前往上海的火车。

茨威格在《断头王后》中写过这样一句话，说："**她那时候还太年轻，不知道命运赠送的礼物，早已暗中标好了价格。**"

现在想来，确实如此。

生活如戏，戏如生活

那是我第一次来到上海戏剧学院，它坐落在上海最繁华的地段，校园小巧而精致，布告栏里满满贴着各种小剧场的海报与讲座信息，光是看着就叫人兴奋。漫步在古朴而巧致的校园里，我的心里充满对未来的幻想：很快，我也可以成为这里的一员了吧！

可是，现实给了我一个沉重的打击。

当时来参加复试的学生有三十多个，在等待面试的时间里我听着大伙彼此之间的交流，其中有许多是上戏本校的本科学生，也有一部分考生就读于其他学校的戏文相关的专业，还有许多考生已经有了优秀的影视作品，说起编剧这个行业侃侃而谈。尤其记得排在我前面的那个姑娘，笑容灿烂，眼神自信，本科四年，她早已创作了无数个搬上舞台的话剧作品，手中还有几个正在进行中的影视剧作品。

听到后来，我的脸色越来越惨白，心中的自信逐渐散去。

等轮到我的时候，已经是下午三点多。我走进办公室，里面坐着四位导师，心仪的导师也在其中，他对我慈祥地微笑，我却紧张地差点忘记如何说话。不出意料，我的表现很不如意，老师们问的专业问题我几乎一个也答不上来。在此之前，自己从来没有进行过系统的剧本创作训练，无非是囫囵吞枣地读了几本从图书馆借来的剧本，这样的积累到面试现场完全不堪一击。

那一刻，我终于意识到自己跟专业学生的差距，意识到了自己的浅薄与狂妄——像我这样跨省、跨校、跨专业的"三跨"生，哪怕用短短两个多月时间搞定了初试，也不可能真的比得上别人辛辛苦苦的四年积累啊！

二十分钟的复试时间，感觉像是过了一个世纪那么漫长。从考场出来，我的脑袋还在嗡嗡地响，一路回顾，我很肯定自己的面试表现确实糟糕，可内心还是怀揣着渺茫的希望：好歹初试成绩第二，还是有可能被录取的吧？

但生活是现实的，不久，复试结果出来。查看名单的时候，我前前后后翻了好几遍，上面没有我的名字。

我失败了。那一刻，天都是黑的。

那天，我独自一人在卧室偷偷查成绩，考研失败的消息我都不知道该如何跟门外的父母说——为了准备考研，我放弃了秋招和春招，放弃了教师资格证的考试，放弃了公务员考试，到如今已经是五月份，就算马上去找工作，也为时晚矣。

也许，我一开始就不应该妄想，不应该考研，或许乖乖考个教师证或者考公务员才是属于我的命运吧！像我这样普通家庭的孩子，老老实实工作才是最好的选择吧！梦想，多么奢侈的词！我又哪里有这个资格呢？

当时大约是 23 岁的我人生中最黑暗的时刻了，可命运又一次展示出巨大的戏剧性——就在我躺在床上白痴一般发呆时，我忽然收到当初参加的剧本大赛的邮件。

很多年后，回顾那段时光，我才发现命运仿佛在冥冥之中安排好了一切，一些看似无关的决定，最终引导我走上了早已安排好的那条路。

在几千人参加的比赛中，我，一个懵懂的新人，提交的剧本项目，出人意料地冲进了前十二名。邮件里，主办方邀请我前往北京与活动组的导师见面，一同探讨作品的进一步修改。

几乎同时，一个坏消息和一个好消息都砸到头上，我猛地从床上坐起：不应该沮丧！既然那么热爱写作，就不应该轻易放弃，更何况我又一次证明了自己！

走出卧室，我镇定地告诉了父母自己没有考上的消息。

父亲听完愣了一下，问："那……就找工作吧？"

我看着父亲，一字一句地说："我还想再考一年。"

父亲听完彻底沉默了，许久之后，才说："你自己决定吧。"

许多年后，当我已经成为一名编剧，还能回忆得起那个场景，父亲当时头发已经有些花白，说完那句话以后他低下头，继续擦着自己那双半旧不新的皮鞋。

走回卧室，我在心里不断重复一句话：**我一定要用加倍的成就，**

回报父母。

这一次，带着前所未有的倔强和坚持，我一路北上，见到了比赛的导师。导师是一家知名影视公司的编剧，见到我以后他很惊讶：竟然是一个什么都不懂的新人丫头！而其他参赛选手多多少少已经在业内待过几年，很多都有"青年编剧"的头衔傍身了。或许是傻人有傻福，也可能是心态好，我的项目竟然跌跌撞撞，一路进入了前八、前六，最终夺得了整个大赛第二名！主办方是业内一家知名的电视剧制作公司，因此颁奖晚会那天，我第一次见到很多影视行业的制作公司，见到了很多知名的编剧老师，也见到了许多来自上戏的前辈。交谈中他们听说我考研上戏失败，纷纷给我出谋划策，有些还热情地把他们认为最好的导师联系方式直接给了我。

总之，夺奖之后，我的作品被公司确定为影视制作项目，正式进入编剧创作阶段，而我身为原创者，也一只脚踏进了编剧行业。在后来的每一次的编剧会议中，我都如饥似渴吸取着和编剧有关的一切知识。

就这样，在接下去的一年里，我一边写剧本，一边准备考研，频繁往返于上海与故乡之间。

如果说第一年的考研多多少少还怀抱侥幸，第二年的我则务实了太多。

初试的准备仍旧是吃透书本，而复试更是丝毫不敢马虎——这一年里我一直坚持着做工作笔记的习惯，认真记录下了自己对编剧点点滴滴的认知。备考期间我也将这些笔记拿出来仔细读了好几遍，又将这一年的编剧工作都做好了总结回顾。我深深地知道自己不是编剧专业出身，积累薄弱，所以才必须用这一年的实践，尽量弥补。

皇天不负有心人，第二年我终于成功"上岸"，成为上海戏剧学院戏剧影视编剧的一名研究生。

当看到录取名单上自己名字的那一刻，真是感觉到梦想成真，光照万丈。

考研，与其说是苦行，不若说是契机

考上研究生以后，我幸运地跟从了自己最喜欢的导师，也和当初那位在微博上为我答疑的学姐成为同门。

身为一名非戏文本科的硕士生，刚入学校的时候我对一切都是那么好奇，简直像刘姥姥进大观园。记得第一次坐在学校剧院里看话剧，我甚至轻声发出感叹：哦，原来话剧舞台是这样的啊！而此后三年，看戏观剧已经成为我最日常的生活。学校虽小，剧场却不少，经常会有免费的学生作品，也有很多国内外知名剧团的作品，但不管什么作品，我都把自己当作第一次观看的新人，全身心地浸入和学习，因为我知道：眼前的学习机会太来之不易了。

经过三年的学习，我也创作了一部话剧作为自己的毕业作品，从创作到呈现都耗费不少精力，最终在学弟学妹的帮助下得以完成，并得到了优评。

毕业以后，我的故事就没有太多意外啦，顺理成章地进入影视行业，成为了一名影视剧编剧。

只是如今再回顾起当年，那个读着英语专业的女孩仿佛是另外一个人，那时候的我还没有找到热爱的事情。是考研，给我搭建起了桥梁，让我能够名正言顺地走入梦想，获得重生。

从此，一切都变得不同。

在我看来，每个人都是独一无二的自己，与其说人生是一场较量，不如说是寻找自己的发现之旅。有的人特别幸运，在很小的时候，他们就找到了自己的热爱和兴趣点，但更多的人则没有那么幸运，我们需要去摸索和寻找，而考研，往往就是这个寻找过程中的重要一步。说实话走完它并不容易，就像我，经历过失败和反复，但只要坚持走过这一段坡路，前方就会出现一个令人惊喜的自己。

我想说，与其把考研看作一场苦行，不如把它当作一次契机，从这里尝试着发现你自己，成就你自己吧！

背水一战：从乡镇公务员考上"985"研究生，只为人生有更多可能

讲述人：陈慕风
南京大学研究生毕业，从公务员辞职考研。

从一个偏僻县城的基层公务员，到名校研究生，再到在大城市站稳脚跟，我奋不顾身地努力，终于给了人生一次重新来过的机会，这就是我的考研故事。

——本文作者

一路上，听过太多人问我：考什么研究生啊？公务员不是挺好的吗？

如果让我回答，我会说："因为我想遇到更优秀的人，因为我期待看到不一样的风景，因为我想要更加广阔的人生！"

事实上，我始终没说出口，因为害怕被人笑话——当你还没有考上的时候，说什么都没用，最好还是闭嘴。就连我的父母都不知道我考研，更不知我为了考研而辞掉公务员的工作，我瞒了他们整整一年，直到拿到录取通知书，才敢将一切告诉家里。

我想，很多人都看过网上流传的一句话，说"考研这种东西，一旦动了念头，除非你真的考上，否则一辈子肯定都无法放下"。对这种

说法，我能以一个过来人的口吻继续往下补充——**如果你动了考研这个念头，却不去实现它，随着年龄增长，你会在一个闲来无事的午后，回想起来沉默良久；你会忍不住幻想考研以后可能过上的另一种人生；你会在午夜梦回时泪流满面。**

这样的纠结，我经历了太多次，直到最后才下决心，不再让不甘的情绪一遍遍折磨自己：与其哀怨，不如奋起面对。

接下来，就让我将自己的故事慢慢道来给你听吧。

大学：幡然醒悟，为时已晚

18 岁那年，我从农村考上大学，成为当地十里八村最有出息的"读书娃"。

在高考考场上从千军万马中胜出实属不易，所以一进大学，面对松散的环境，我就迷失了，对于接下来的生活要怎么过毫无方向。父母无法为我提供职业规划上的建议，我自己的眼界也不如城市的孩子们，面对大学里冒出来的形形色色各种可能，如同一个无知的小孩掉进宝山，什么都想抓住，却什么也抓不住。

当时我压根没想过读研，对社会上日新月异的变化，比如学历正在飞速贬值，也没有切身感受，所以完全没有紧迫感，反而以为通过社团可以打开自己的眼界，交到很多朋友。于是在大学期间，我盲目地参加了许许多多的社团，可是培养的所谓"能力"却微乎其微，参与的大部分活动都是浮皮潦草，浪费时间。

可惜啊，我的醒悟太迟，在社团和各种杂七杂八的活动上耗费太多时间，成绩一落千丈，甚至还挂过一次科。等到大三结束学校开始保研的时候，我才发现自己的成绩根本迈不过保研的门槛。

如果有机会能让我重来一次，大学期间我一定会紧抓学习成绩。永远，永远不要听信一些流言蜚语说什么"大学读书不重要"，这种说法绝对是误人子弟！在大学里，学习永远是学生的第一本职，优异的成绩至关重要，它往往就是你保研和出国的敲门砖。

总之，当我意识到这一点的时候，距离考研已经不到半年，当时我感觉自己要考研肯定是没戏了，别说名校，就算考本校估计也没什么希望，毕竟我的母校是一所"985"，实行考研自主划线，要考上也没有那么容易。

不过，要让现在的我来看，当初这些顾虑都是借口，如果真有破釜沉舟的勇气，只要全力以赴，其实半年的时间准备也是足够的。但当时我还是退缩了，最终选择了第三条路：考公务员。

幸运的是，这第三条路走通了——我成功通过国考"上岸"，被分配到偏远的小县城做了一名基层公务人员。

挣扎：我在偏远县城当公务员

和大部分人一样，我对公务员的印象其实很不错，甚至还抱有幻想，并没有因为工作地点偏远就心生不满，而是决定毕业以后去那里好好干一番事业。

到了工作单位以后，我才发现想象和现实的差距是那么大。

首先是身边的人。我的同事里，大学本科的很少，更别说一本的了。其中大部分都是大专毕业，多数是本地人，他们的生活态度非常安逸，公务员对于他们而言已经是最好的饭碗，而且他们的家庭条件和我也完全不一样。他们的人生早早就被家里安排好，只需要按部就班地"走流程"就好了——有一份稳定的工作，有房子有车子，找一个本地女孩相亲恋爱，结婚生子，安安稳稳地生活一辈子。

作为从农村里一步步靠自己走出来的孩子，这样的生活观和我完全格格不入。

除了人，工作内容也是一方面。在小县城当公务员，工作上可以说没有任何挑战，许多活根本不需要大学生来干，高中生就能完成；另一方面，一个人的晋升和工作能力也没有太多关系，都是"你好我好大家好"的一团和气，没有人真的想干事情。于是工作久了，我便完全不知道自己的价值在哪里，渐渐陷入虚无。

难道一辈子就要在小城里这么混过去？

小县城的一切都很慢，当地年轻人也不多，能交心聊天的朋友更是一个没有，每天下班以后回家，自己就像蠕虫一样躺在沙发上刷手机，不知道余下时间可以用来做什么。当我的生活陷入停滞，朋友圈里的同学们却展示着各自的精彩人生——一个个考研上名校，跟着优秀的导师参加各种学术会议、做实验、发论文……为自己的未来而雄心勃勃地努力。

每当这时，我的心中总会涌起重新读研的念头，但同时又泛起重重担心：担心自己能力不行，担心考不上理想的好学校，担心家人会阻挠自己辞职考研等。每每这样斗争一番后，读研的念头又慢慢被压下去，加上小县城日复一日的生活，心中的锐气被渐渐磨灭。我眼睁睁看着这一切发生，就像慢慢陷入流沙中一样，每次想要挣扎，反而沦陷得更快。

当然，其间也有短暂的行动，有一次我冲动买回了考研所需要的所有书籍，但最后还是被懈怠的心思拖垮，努力了几天就没有再坚持下去。时间可不等人，在这种犹豫不决中，转眼两年就过去了，当初选择就读专硕的同学们都已经毕业参加工作了。

这个时候，即便一开始我知道名校研究生的起点会很高，但当结果真正呈现在眼前时，我还是被深深震撼——这些同学们中有人进入了字节跳动、腾讯、阿里这样的一流互联网企业，年薪起步就是三四十万，抵得上我工作好几年的工资；有的是进入研究所、央企总部、银行总部，他们事业的起点，可能是我一辈子也到不了的终点。

读大学时，我们的差距有这么大吗？

当初能考进同一所大学，我相信我们的实力应该不会相差太大，那么，是什么造成了如今这么大的差别呢？我开始静下心来认真思索。很快我就得到了想要的答案——**大学扩招导致本科学历的急速贬值，就算是"985"的本科也不能例外。**每年的大学毕业生有好几百万，而研究生的规模大概才几十万，是本科生的十分之一左右，这就导致很多工作直接以研究生为门槛，你只有先迈过这个门槛，才能开始谈个人能力，要不然一切都是枉然。

这时候我才彻底惊醒，没有办法再继续麻痹自己，也没有办法接受这样的差距，我知道自己还年轻，还有梦想，必须做出改变！如果不改变，我注定一辈子都要这样不甘地沉沦下去。

终于，我下定决心考研。好在公务员的工作空闲时间很多，利用这些时间，我开始全力备考。

破茧：横下心打破铁饭碗

一开始，我的考研复习可以说是激情满满。

当时我每天 6 点下班，下班以后到家开始看书，一直学到凌晨 1 点，中午的休息时间也用来看书，所以全天加起来能够保证 8 小时的学习时间。当然，这个过程中需要抵挡非常多的诱惑，比如同事们的饭局，一开始他们经常喊我，我只能硬着头皮拒绝，时间长了，他们慢慢地也不再叫我；此外，同事之中也有谈起恋爱的，参加工作好几年，也该享受风花雪月，考虑成家立业了，而我则必须耐得住寂寞，坐得住冷板凳。

因为自己清楚地知道，我毕竟是在职考研，和在校学生相比时间上还是存在差距，并且脱离校园书本也有几年了，学习能力早已不是巅峰时期。而我报考的学校，又是全国数一数二的顶尖大学，这样的目标更让我不敢有任何松懈之心。

从一开始，我选择的就是最难的模式。

可是，这种状态只持续了一个多月，单位突然开始搞创建，手头的事情陡然增多，工作完全不像之前那么轻松了。**有时候造化就是这样弄人——当你没有目标的时候，闲得要死；当你加足马力准备冲刺的时候，阻力也跟着来了，老天似乎很喜欢开这样的玩笑。**

加上当时距离考研还有近一年的时间，我潜意识里软弱的一面也暴露出来。每天上班工作量巨大，下班回家自然疲惫不堪，到家洗完澡总想着先躺沙发上玩一把游戏或者看一集电视剧再看书。可往往是游戏玩了好几把，电视剧不知不觉刷了好几集，等到终于放下手机，挣扎起身去学习的时候都已经十点多了，能勉强看一个多小时书就了不得了。

你想想，每天的有效学习时间从一开始的 8 小时，下降到每天 1个多小时，这堕落的速度！就算周末情况也好不了多少，虽然有完整的周末，但因为学习放下太久，想重新再找回状态很难，所以学得很吃力，有时候半天还搞不定一道高数题。要知道学习是需要正向激励的，这样低效地学习，被连续打击几次之后，我潜意识里又有了畏难的情绪。

所以，每个周末虽然一大早就起床，身体却在下意识逃避，会做各种无关的事情来延缓学习，比如洗洗衣服，扫扫地，出去吃个早饭，回来再看看手机，一个上午过去了都还没翻开书。就算打开书，也会看了几眼数学和英语以后就把它们都丢在一边，然后开始看政治，因为政治相对不那么费脑子。其实自己心里跟明镜似的，知道这种状态不对，但总是想着考研还早，还有时间，不如先"找找状态"再说，结果日子就这么一天天混过去了。

可想而知，我的复习进度很慢，效果也差得很。但时间不等人，一眨眼夏天就到了，原本看着很遥远的考研截止日期，实际上只剩下不到半年。

说实话，后来的日子我过得很痛苦，每天都是在立目标和打脸之间不断反复，每一天都过得很拧巴，工作上的事情越来越多，单位有几个女同事开始休产假，她们的工作自然有很大一部分压到了我的头上。工作压力加上畏难情绪，让我根本没办法平衡好工作和学习，而我心里很明白，这样的状态如果再持续下去，今年考研肯定又要打水漂，毕竟我要考的大学是"地狱级难度"的，是到了做取舍的时候了——

要么换一个目标低一点的学校，要么辞职全心全意备考。

辞职，这个念头不知在我的脑海里曾经浮起多少次！但每次都因为畏惧而退缩，总是想着给自己留一条后路——万一没考上，还有一份工作能够糊口。但很多时候，恰恰因为有这个保底的存在，才导致自己做不到孤注一掷。

古有项羽破釜沉舟，苦心人，天不负，大破秦军。如今的我，若想真的改变生活，就必须亲手把这个铁饭碗打破，不给自己留后路。

终于，我辞职了，但没敢把决定告诉家里人，他们肯定不会同意我的做法，甚至有可能会因此大吵一架，我只能先斩后奏。

可，万一最终没考上，而工作又丢了，结果会怎么样？

我没敢想，也没有去想。

辞职的过程中，领导和同事们都纷纷劝说我，有的说辞职了五年内就没法再考公务员了，有的说可以把工作放到一边，专心考研，领导不敢开除你的。但这些意见我通通都没有采纳，经过深思熟虑，我已经非常明确自己想要什么，最终毅然决然地离开了公务员的系统。

成蝶：上天没有辜负我的孤注一掷

辞职以后，首当其冲是得找到一个落脚的地方。回家复习肯定是不行，想来想去还是决定直接去要考的学校周边租房子，离学校近，一方面可以感受到学校的学习氛围，二来也方便接触导师。好在我已经工作了几年，积蓄有一些，租房生活这些完全没有问题。

房子搞定以后，时间已经进入八月份，离考研只剩下不到五个月了，我开始全力以赴进入备战状态。一开始是闷在出租屋里疯狂学，但发现效果不是很好，自己一个人住，环境憋闷，心绪容易不宁，东想西想，而且总忍不住去看手机，效率不高。

既然人类的惰性很难避免，那么只能从外界环境入手，很快我就找到了解决的办法，那就是每天去学校图书馆学习。为此，我在学校论坛上租了一张学生卡，专门用来出入图书馆和去食堂吃饭。为了不让电子产品影响自己，我花钱买了一台非智能手机，只够用来打电话发短信，别的什么都干不了。

图书馆里全都是学校大三的考研党，虽然我进入社会已有两三年，好在并不显老，混在他们中间还不算那么突兀。这么一调整，我的复习效果倒是好了很多，找到了最佳的学习状态，仿佛回到当年高三。很快，我也能够从学习中得到正向反馈了，每解透一道题，就仿佛打通关了一个游戏一样，心情相当畅快，复习的过程如同武侠高手练功一样，渐渐进入到一种玄妙的境界，进境飞速。

当时，我每天的作息十分规律——

每天早上 7 点起床，一路小跑去学校食堂吃早饭，再去小花园读半个小时英语和政治；8:30 准时出现在图书馆的固定座位，开始一天的学习；中午午休两个小时，下午继续学习，一直学到晚上 10 点回出租屋，洗洗直接睡觉。

听上去可能我的考研强度并不大，我当时完全跟着学校的时间表在走，没有特别地早起，也没有熬夜，一天天就这么不知不觉坚持下来。我在这种状态下稳定地学习了五个月时间，这也是高考之后自己第一次全身心投入去做一件事情，那种感觉真的很奇妙，我感到自己身上似乎发生了某种不知不觉的变化。

复习节奏上，我不提倡那种凌晨一两点睡觉，早上五六点起床的复习方法。**毛主席说得好，"风物长宜放眼量"——对待世间万物，应该用更加长远和宽广的目光去看待，不要贪求一时之效。**

所以，当考试最终来临的那一刻，站在考场门前的我心中反倒非常平静——因为有底了，对自己这五个月的投入，我有信心。记得考研的第一天早上，虽然已经提前看过考场，但那天我还是提前早早就来到现场。当时楼下已经有一些同学，他们拿着政治资料认真小声诵读着，想抓住最后的片刻多记几个知识点。我当时只带了政治大纲，来回翻了翻，已经没有心思再背下去：考试的题型看过了，真题模拟题做过了，时政背过了，于是，我决定在楼底下来回散步。考研的大楼处于一个风口上，但是那天北风呼呼刮在我的脸上，似乎感觉不到寒冷，反而觉得舒爽，于是我转身迎着风吹了小会，让头脑更加清醒一些。

考试的细节我已经记不太清，只记得当最后一门专业课考完，回到出租屋我把书往桌上一扔，晚饭也没吃，倒头一觉睡到第二天中午才睁眼。

我是一个表面不动声色，内心却容易波澜四起的人。初试出成绩的那一天早晨，我正常地起床、吃早饭，然后打开电脑，开始查询成绩。可如果当时有一架摄像机在我旁边拍摄，肯定会拍出一个表情紧绷，四肢僵硬，手指颤抖，看起来非常神经质的人。小心翼翼地输入证件号码和验证码之后，页面缓慢地加载起来，等了一秒，两秒，三秒，忽然屏幕出现几个数字，看到的那一刻，我心都要跳了出来：我知道自己肯定稳了！

没过几天，学校的分数线也出来了，没想到我超过分数线整整四十分！都说"男儿有泪不轻弹"，但我当时眼眶猛地一热，眼泪"哗"就流了下来。

接下来的日子仍旧是马不停蹄地学习、学习、学习。其实凭借初试分数，复试时只要正常发挥就没问题，但当时我已经尝到了学习的乐趣，加上这个专业也是自己热爱的，所以我非常愿意主动钻进去学，也很享受吸收新知识的感觉。

皇天不负苦心人，最终我顺利地通过复试，复试和初试成绩加起来，在所有考生中排名第一。

印象很深的是，当我将这一切告诉父母时，他们一开始非常震惊，觉得这么大的事情竟然瞒了他们这么久！但转瞬之间又转惊为喜，只见快乐从我父亲的笑容里渐渐荡漾开来，他还主动一个个打电话邀请亲朋好友一起吃了顿饭为我庆祝。饭桌上，亲戚们深有感慨地聊到我的成长，父亲喝了些白酒，眼眶泛红地指了指我，对亲戚们说："娃啊，小时候我们就没怎么管过，全靠他自己，有主意，吃得苦！做父母的真是没什么能力，帮不上他什么！"

我的心里百感交集，却一时不知该说什么，赶紧站起身来，敬了父亲一杯。

结语：考研，给了我重新选择人生的机会

我的考研历程就是这样了，要说到读研究生以后的生活，确实是丰富多彩，视野大开。

我的研究生导师是行业内的领军者，科研道路上他给了我许多难能可贵的指引。跟着他，我有幸参加了许多国内外高端的学术会议，了解到行业内最前沿的知识，也认识了许多业内优秀人才。

我始终记得读研期间的一个瞬间。

那天，我正在参加某一个学术会议，听着台上的外国教授分享着全球最新研究成果，心却忽然跑到了别的地方，想起一年前自己还坐在某个偏僻的小县城里，做着重复繁杂的事情，接触的全是柴米油盐。小县城里时光慢慢流淌，远离一切喧嚣，而眼前，在这宽敞又现代化的报告厅里，我却正和一群聪明优秀的人探讨着最前沿的科学技术，感觉是那么不真实！我的人生轨迹，真的就此改变了。

是考研，给了我的生命一次重新起航的机会。

当然，读研也不全是那些风光无限、高大上的东西，日常更多的是辛苦和汗水。因为我的导师是科学院院士，对我们的毕业要求远远超出学校提出的一般性要求，读研期间我和我的同门们必须在国际顶级期刊上发表论文。所以，为了能够顺利毕业，我基本每天都泡在实验室里，就连周末也很少休息，感觉日子甚至并不比读高三轻松。

转眼三年的时光，一晃而过，我的辛苦没有白费，汗水都得到了

回报，最终我成功以第一作者的身份在国际顶级刊物上发表了两篇文章，导师对我也很满意，希望我能够继续攻读他的博士，但是经过慎重考虑，加上和父母商量，我选择放弃读博，参加工作。

毕业前的两个月我就顺利拿到行业内一家顶级公司的 offer，薪资相比之前不知翻了多少倍。不过，物质条件的提高只是一方面，考研带给我更多的是对人生的看法。

其实，不管是小县城还是大城市，它们没有高下好坏之分，重要的是做选择的人是否想明白了一个问题：我想要怎样度过一生？**很多时候，因为我们的见识所限或者各种各样的原因，导致人生走了几步不适合自己的弯路，但绝不要按部就班就此沉沦。人生的赛道很长很长，一时的弯路不能决定最终的成败，只要没到盖棺定论的那一刻，我们就都有改变的机会。**

如果你还有梦想，我的建议只有四个字：立刻行动。不要瞻前顾后，不要思索得失，不要纠结年龄和其他的外界条件，有一句话说得很好：**种一棵树最好的时候是十年前，其次是现在。**

最后，我想将考研期间听得最多的一首歌：毛不易的《消愁》，献给所有像我一样"迟来"的考研人——

一杯敬朝阳，一杯敬月光，
唤醒我的向往，温柔了寒窗，
于是可以不回头地逆风飞翔，
不怕心头有雨，眼底有霜。

附 录

考研小百科

———

考研是什么?

考研考什么?

该如何做准备?

关于考研,你需要知道的常识,

都在这里。

基础篇

什么是研究生入学考试?

研究生是指大专和本科之后的深造课程。以研究生为最高学历,研究生毕业后,也可称研究生,含义为研究生学历的人。在中国大陆地区,普通民众一般也将硕士毕业生称为"研究生",将博士毕业生称为"博士"。考取硕士研究生一般需要考外语、政治、综合科目(根据报考专业不同而不同)和专业课;而考博士不需要考政治。研究生入学考试是成为研究生必须跨过的门槛。

"研究生"广义上讲包括"硕士研究生"和"博士研究生",而我们俗称的"考研"通常是指"硕士研究生"考试。考试方式主要包括全国统考、单独考试、推荐面试、强军计划、援藏计划、农村师资计划、同等学力申硕士考试。

研究生入学考试分为两个部分:初试和复试。初试考试时间一般安排在每年 12 月底或 1 月初。初试的考试时间为两天,超过 3 小时的考试科目在第三天进行。初试考试报名分为两个步骤,网上报名和现场确认。两者缺一不可,只有将两步都准确无误地完成,才算是报名成功。

网上报名时间一般在每年的 10 月份，考生网报必须登陆"中国研究生招生信息网"（http://yz.chsi.com.cn）免费注册之后按照提示要求填报信息获取报名号。考生自行登录中国研究生招生信息网浏览报考须知，按照教育部、考生所在地省级高校招生办公室、报考点以及报考招生单位的网上公告要求报名。网上报名后，在报名日期内，除"报考单位""报考点"和"考试方式"等信息外，其他已提交的网报信息，考生可通过输入报名号和密码登录网报系统，修改、校正网报信息。"报考单位""报考点"和"考试方式"等信息，一经确认提交，将不允许修改，请考生慎重选择。

现场确认：参加全国统一考试和参加"法律硕士联考"的考生到本人所在的省、自治区、直辖市高校招生办公室公告指定的报考点确认；参加单独考试和参加"MBA 联考"的考生到报到单位所在地省级高校招生办公室公告指定的报考点进行确认报名。考试方式主要包括全国统考、单独考试、推荐面试等，考研专项招生计划包括强军计划、援藏计划、硕师计划、少数民族骨干计划、退役大学生计划等。

确认程序：

1. 考生持本人身份证（应届毕业生加学生证）、现役军人及军队文职干部证件和网上报名编号，由报考点工作人员查验，同时考生要确认本人网报信息；2. 考生按照规定缴纳报考费；3. 报考点按照规定采集考生本人图像信息。

准考证的发放：发放准考证的时间集中在考前一个月，发放方式：

网上自行打印。

硕士研究生的种类有哪几种？

按照培养目标和培养方式，研究生可分为学术型硕士研究生和专业学位硕士研究生两类，简称学硕和专硕。

根据我国的有关规定，学硕以培养教学和科研人才为主，授予学位的类型主要是学术型学位。

"专业学位"（professional degree）是相对于学术型学位（academic degree）而言的学位类型，其目的是培养具有扎实理论基础，并适应特定行业或职业实际工作需要的应用型高层次专门人才。专业学位与学术型学位处于同一层次，在培养上更侧重实务和应用。目前，我国经批准设置的专硕已达 40 类。

其他分类方式：

1. 按学习方法不同，分为全日制研究生和非全日制研究生。前者指在高等学校和科研机构进行全日制学习的研究生；后者指在学习期间仍在原工作岗位承担一定工作任务的研究生。

2. 按学习经费渠道不同，分为国家计划研究生、委托培养研究生（简称委培生）和自费研究生。国家计划研究生的培养经费由国家提供，又分为非定向研究生和定向研究生（简称定向生）。其中非定向研究生毕业时实行双向选择的自由就业制度；定向生则在录取时就必须签订合同，毕业后按合同规定到定向地区或单位工作；委托培养研究生的培养经费由委托单位提供，录取时要签订合同，毕业后到委托单位工作；自费研究生的培养经费由自己提供，有时候也可以从导师科研经费中开支或获取社会赞助。

3. 按录取类别不同，划分为非定向就业和定向就业两种。

学术型学位硕士与专业学位硕士的区别是什么？

全日制专业学位硕士与学术型硕士属同一层次的不同类型，二者都是采取全日制攻读的方式，其区别主要有如下几点：

第一，培养目标不同。

专业硕士与学术硕士处于同一层次，培养规格各有侧重，在培养目标上有明显差异。

专业硕士教育的突出特点是学术型与职业性紧密结合，获得专业学位的人，主要不是从事学术研究，而是从事具有明显职业背景的工作，如工程师、医师、教师、律师、会计师等。这是一种以专业实践为导向，重视实践和应用，培养在专业和专门技术上受到正规的、高水平训练的高层次人才的培养方式；学术硕士按学科设立，其以学术研究为导向，偏重理论和研究，培养大学教师和科研机构的研究人员。

第二，培养方式不同。

专业硕士课程设置以实际应用为导向，以职业需求为目标，以综合素养和应用知识与能力的提高为核心。教学内容强调理论性与应用性课程的有机结合，突出案例分析和实践研究；教学过程重视运用团队学习、案例分析、现场研究、模拟训练等方法；注重培养学生研究实践问题的意识和能力。在具体的学习过程中，要求有为期至少半年的实践环节，实践学分比重较学术学位更大。

学术硕士的课程设置侧重于加强基础理论的学习，重点培养学生从事科学研究创新工作的能力和素质。

第三，报考条件不同。

专业硕士，部分专业报考要求和学术硕士相同，但其中的工商管理、公共管理、工程管理、旅游管理、工程硕士中的项目管理、教育硕士中的教育管理、体育硕士中的竞赛组织专业，报考条件为：大学本科毕业后有 3 年以上工作经验的人员；或获得国家承认的高职高专毕业学历或大学本科结业后，符合招生单位相关学业要求，达到大学本科毕业同等学力并有 5 年以上工作经验的人员；或获得硕士学位或博士学位后有 2 年以上工作经验的人员。

学术硕士报考条件为：国家承认学历的应届本科毕业生（含普通高校、成人高校、普通高校举办的成人高等学历教育应届本科毕业生）及自学考试和网络教育届时可毕业本科生，录取当年 9 月 1 日前须取得国家承认的本科毕业证书；具有国家承认的大学本科毕业学历的人员；获得国家承认的高职高专毕业学历后满 2 年（从毕业后到录取当年 9 月 1 日，下同）或 2 年以上的，以及国家承认学历的本科结业生，符合招生单位根据本单位的培养目标对考生提出的具体学业要求的人员，按本科毕业生同等学力身份报考；已获硕士、博士学位的人员。

第四，招生专业不同。

专业硕士，招生专业比较有针对性，仅包括金融、应用统计、税务、国际商务、保险、资产评估、审计、法律、社会工作、警务、教育、体育、汉语国际教育、应用心理、翻译、新闻与传播、出版、文物与博物馆、建筑学、工程、城市规划、农业推广、兽医、风景园林、林业、临床医学、口腔医学、公共卫生、护理、药学、中药学、中医、军事、工商管理、公共管理、会计、旅游管理、图书情报、工程管理、艺术等，共计 40 个专业。

学术硕士，招生专业包括哲学、经济学、法学、教育学、文学、历史学、理学、工学、农学、医学、军事学、管理学、艺术学 13 大学科，及其下设的一级学科、二级学科，涵盖所有的专业方向。

第五，调剂要求不同。

考生调剂基本条件，初试科目与调入专业初试科目相同或相近，其中统考科目原则上应相同。学硕的考试科目一般可以涵盖专硕的初试科目或者达到专硕的考试难度，因此调剂一般为学硕向专硕调剂。专硕的考试科目和考试难度决定了它几乎没有调剂到学硕的可能性。即，学术硕士可以调剂到专业硕士，但专业硕士不能调剂到学术硕士。

但要注意临床医学类专业硕士则相反。报考临床医学类专业硕士研究生的考生可按相关政策调剂到其他专业，报考其他专业（含医学学术学位）的考生不可调剂到临床医学类专业学位。

第六，入学难度不同。

对于大部分专业来说，专业硕士较学术硕士难度略低。专业硕士公共课英语科目多考英语二，难度相对较小；学术硕士公共课英语科目考英语一，难度比较大。专业硕士多数不考公共课数学科目或考数学三、经济类联考综合能力，难度相对较小；学术硕士公共课数学科目考数学一、数学二、数学三、数学（农）或招生单位自命题理学数学，难度较大。

第七，学费标准不同。

全日制专业硕士收费标准，按不高于本校现行普通专业学术型自筹经费研究生收费标准确定（没有普通专业学术型自筹经费研究生的学校，应参照当地其他院校同类专业的有关收费标准确定）。

从 2014 年秋季学期起，学术硕士收费标准，原则上每年硕士生不超过 8000 元，博士生不超过 10000 元。

第八，学制不同。

具体表现为，专业硕士学制一般为 2—3 年，学术硕士学制一般为 3 年。具体情况依各招生单位当年政策为准。

第九，导师制度不同。

专业硕士，实行双导师制。根据教育部相关文件精神，各专业学位研究生培养单位要建立健全校内外双导师制，以校内导师指导为主，校外导师应参与实践过程、项目研究、课程与论文等多个环节的指导工作。在培养过程中校内导师以教授理论知识、学术指导为主，而校外导师则以培养技能、指导实践为主。

报考研究生的条件是什么?

大学本科:国家承认学历的应届、往届本科毕业生可直接报名参加。

大学专科毕业生：获得国家承认的大专学历毕业后经两年或两年以上（从大专毕业到录取为硕士生当年 9 月 1 日），达到与大学本科毕业生同等学力，且符合招生单位根据本单位的培养目标对考生提出的具体业务要求的人员按本科毕业同等学力身份报考。

成人高考毕业生：

1. 成人高校大专毕业生：国家承认学历的大专毕业生，毕业后两年（从大专毕业到录取为硕士生当年的 9 月 1 日,下同）或者两年以上，达到与大学本科毕业生同等学力（含国家承认学历的本科结业生和成人高校应届本科毕业生），且符合招生单位根据本单位的培养目标对考生提出的具体业务要求的人员，可以同等学力身份报考。

2. 成人高校应、往届本科毕业生：成人教育学历是国家承认的，成人教育本科往届生可以直接以本科生的资格报考。而成人教育应届本科生由于报考时（每年的 11 月中旬）并没有取得本科学历，所以只能以同等学力的资格报考，不同于全日制的普通高校应届本科生。

高等教育自学考试：

1. 自考本科毕业生：自考生和网络教育学生报名现场确认截止日期前取得国家承认的大学本科毕业证书，无论是否已取得学位都能报考全国硕士研究生统一招生考试。

2. 自考专科毕业生：自考专科毕业生自取得专科毕业证书后工作两年才有资格报考，有的学校还在此条件的基础上加上必须通过自考本科主干课程的规定，有的学校规定部分专业不招收大专毕业生。具体报考情况，考生应提前向拟报考的高等院校研究生招生办公室咨询。

党校函授毕业生：党校函授实际上是党为了提高广大党员干部的理论素养和业务水平，建设一支高素质党员干部队伍而进行的一种内部培训。相对于国民教育（即普通高校、成人高校、高教自学考试等）而言，"进口"要宽一些，"出口"要松一些。有关文件规定："党校函授毕业生不得享受国民教育系列学历同等待遇"。具体考研规定请与所要报考单位进行确认。

普通高校结业生与肄业生：从 2002 年起，高校结业生（没有毕业证，没有完成所有的指定学业科目，但有普通高校结业证书）可以按同等学力身份报考。肄业生（在普通高校学习一段时间，完成部分的指定学业科目学习，有普通高校肄业证书）根据不同学校要求执行。

同等学力：1. 通过本科段课程；2. 英语达到本科毕业水平；3. 要求发表论文或有科研成果；4. 复试时要加试两门专业课（对于以上问题，

第一和第四是各招生单位的共同要求，第二和第三各招生单位则有不同要求）。

已获硕士学位或博士学位：已获硕士学位或博士学位的人员可以再次报考硕士生，但只能报考委托培养或自筹经费的硕士生。

研究生地区是如何分类的?

研究生入学考试按地区不同，分为两个区，即一类区（A区）、二类区（B区）。

一类:北京、天津、上海、江苏、浙江、福建、山东、河南、湖北、湖南、广东、河北、山西、辽宁、吉林、黑龙江、安徽、江西、重庆、四川、陕西等21省（市）；

二类:内蒙古、广西、海南、贵州、云南、西藏、甘肃、青海、宁夏、新疆等10省（区）。每类地区考研对分数的要求是不一样的，一类地区高于二类地区。

研究生考试怎么报名？

入学考试报名分为两个步骤：网上报名和现场确认。两者缺一不可，只有将两步完成，才算是报名成功。

考生可以在 9 月份进行预报名，10 月份正式报名；不同省份网报要求不一，但大部分省份往届与应届生均可参加预报名（具体可参考当年的网报公告）。

预报名和正式报名同样有效；若出现报名时信息错误或更改专业可以在报考期内按照研招网步骤进行更改；正式报名结束后所有信息将不可以修改。

网上确认一般是在 11 月上旬，各省份和高校会根据招生安排另行通知，具体参见各学校招生简章或各地区网报公告。

研究生考试分数线怎么确定？

分数线分为两类，一类是国家线，一类是 34 所高校自主划线。同时这 34 所学校也是历年考研竞争系数、难度系数最高的。

34 所自主划线学校有哪些？

34 所自主划线高校均来自"985"院校。它们有学校自己划分的分数线，自主划线的学校的分数线都会先于国家线而出，而且基本上都会高于国家线，也不排除有个别学校个别专业分数线和国家线持平甚至低于国家线。这 34 所高校分别是北京大学、清华大学、上海交通大学、大连理工大学、中国科学技术大学、山东大学、复旦大学、中国人民大学、北京航空航天大学、北京理工大学、天津大学、南开大学、中国农业大学、北京师范大学、哈尔滨工业大学、吉林大学、同济大学、南京大学、华中科技大学、西安交通大学、东北大学、东南大学、浙江大学、华南理工大学、西北工业大学、厦门大学、湖南大学、武汉大学、兰州大学、电子科技大学、中山大学、中南大学、重庆大学、四川大学。

5 所非自主划线"985"高校是：中央民族大学、国防科学技术大学、中国海洋大学、西北农林科技大学、华东师范大学。

考试中单科线和总分线是否一定要过？

都要过线。所谓"单科分数线"是指英语、政治、数学、专业课等的各个分项的分数线，一般来讲，"总分分数线"一定会高于各单科分数线的加和，所以只是通过了单科分数线仍然过不了总分分数线。同学们一定要各个单科不仅要过线，更要取得高分才可以。

最低录取分数线是最后录取分数线吗？

最低录取分数线并不是最后录取分数线，而是成绩高于最低录取分数线的考生，有资格参加复试。教育部依据硕士研究生培养目标，结合年度全国研究生招生计划和报考的生源情况，以及总体初试成绩情况，确定进入复试的基本要求。对应届毕业生和非应届毕业生实行统一的参加复试最低分数线。

调剂的条件是什么？

1. 只有上了国家线，才有调剂的机会。

2. 被调剂学校有名额且符合要求。

3. 参加被调剂学校的复试。

4. 调入专业与第一志愿报考专业相同或相近。其中统考科目原则上应当相同。

5. 第一志愿报考工商管理、公共管理、旅游管理、工程管理、会计、图书情报、审计专业学位硕士的考生，在满足调入专业报考条件的基础上，可申请相互调剂，但不得调入其他专业；其他专业考生也不得调入以上 7 个专业。第一志愿报考法律（非法学）专业学位硕士的考生不得调入其他专业，其他专业的考生也不得调入该专业。

另，各大高校在实际调剂中会根据学校的实际情况列出更具体的调剂要求，调剂考生应及时关注调剂高校具体要求。

什么是 C9 联盟？

校联盟（C9）是中国首个顶尖大学间的高校联盟，是国家首批"985"

重点建设的 9 所一流大学。2009 年 10 月启动,联盟成员包括北京大学、清华大学、浙江大学、复旦大学、上海交通大学、南京大学、中国科学技术大学、哈尔滨工业大学、西安交通大学共 9 所高校。

九校联盟形式类似于美国常春藤联盟、英国罗素大学集团、澳大利亚八校集团等，旨在人才培养、科学研究等领域加强合作与交流，优势互补，被国际上称为"中国常春藤盟校"。

考研相关：根据"九校联盟"协议，各校鼓励自己的学生报考联盟内其他大学的研究生，也鼓励硕士生毕业生到联盟内其他大学去读博士。这不仅在某种程度上对解决高校"近亲繁殖"现象有一定作用，也可以理解为就读于 C9 联盟高校的学生更加容易去联盟内其他高校就读硕士和博士。所以有实力的同学尽量报考 C9 联盟的高校是比较好的选择。

学习篇

研究生考试怎么选择专业？

建议在选择专业时要综合衡量自己的以下两个方面：

第一，个人兴趣及未来就业方向。兴趣是选择专业的首要因素。一方面，如果一个人和自己根本不感兴趣的东西打交道会过得很难受；另一方面，兴趣决定了你能不能有恒心毅力坚持考研，并保证较高效率。强打精神的复习考研，大部分是考不上的。而且，绝大部分学生在研究生阶段的研究方向将决定一生所从事的职业，从这个方面说应尽量选报自己喜欢的专业。如果不喜欢，即使考取了研究生，学习也很无味，毕业后从事这方面工作，也很难有所成就。

第二，自身实力是一个重要的参考指标。只有清醒地认识自己的实力，才能做出理性的选择，使自己的成功概率最大化。这里需要说明一下，自身实力并非指本科阶段的学习成绩。一个基础较差的人只要采取适当的方法，意志足够坚强，加上一定的客观条件，总是可以成功的。这里的实力是指由你的意志力、智力、复习时间等决定的你大概能达到的一个水平。如果自我感觉实力较弱，那最好选报本专业，专业知识有基础，可以节约更多时间复习公共课；如果感觉自己的基础很扎实，而且很早就有换专业的打算和准备，可以考虑换一个相对不错的专业。但是一般来说，跨专业考研的同学应更早做准备，以保证必要的学习时间。因为，俗话说，"隔行如隔山"，各个专业有自己的学科范畴，不同专业的学生在知识体系和结构上存在着较大差异，这为跨专业报考增加了难度，因此需要在专业课上投入比较多的时间和精力，才能弥补自己同该专业考生竞争的劣势，从而取得最后的成功。

研究生考试准备阶段需要准备什么？

准备阶段从你开始决定考研就开始了，有的考生也许大二的时候就决定要跨专业考研了，那么早一些搜集资料，了解信息，也是对的。多看看学校、专业的信息，评估自己的实力，获取考研常识类的知识，多了解学校和考试的政策，向往的院校专业的情况和评价。到论坛上看大家对各类考研复习资料的评价，确定复习时需要用到的书籍和资料，尽早下载或者购买。学习别人的考研经验，结合自己的情况，对自己整体的复习做一个规划。

研究生考试政治包含哪些部分?

　　考研政治总分 100 分,由马克思主义基本原理(简称马原)、毛泽东思想与中国特色社会主义理论概论(简称毛特)、中国近现代史纲要(简称纲要)、思想修养与法律基础(简称思修)、形势与政策,以及当代世界经济与政治(简称时政)五部分构成。国家政治命题组出 16 道单选题,17 道多选题和 5 道分析题(每门一道大题)来测试全国考生。

　　考研政治的考试特点是考点极其多,内容复杂,自己复习会遇到很多问题,建议一定要有老师带领来系统地高效复习,而且考研政治一定要尽早准备,建议最好在每年的 3 月份就开始入手,这样才能保证在当年的考试中取得高分,也可以为总分减轻压力。

　　每年考研政治大纲会在 7 月或 9 月发布,但是考研政治大纲每年的内容只有不到 10% 会进行调整,也就是 90% 多的内容是固定不变的,这些不变的内容完全可以在大纲公布前开始复习,这样也可以为下半年的其他科目复习腾出一些时间。

　　在考虫考研政治系统班中,老师们会详细讲解政治中 5 门课的所有考点及重难点,跟着系统班的课程一直到 12 月考试前相信同学们一定能在考研政治中取得高分。

考研政治试卷内容及分值占比	
马克思主义基本原理	24%
毛泽东思想和中国特色社会主义体系	30%
中国近代史纲要	14%
思想道德修养与法律基础	16%
形势与政策及当代世界经济与政治	16%

研究生考试英语包含哪些部分?

考研英语一题型介绍			
部分	题型	题量	分值
第一部分	完形填空	20 道	10 分
第二部分	A. 阅读理解	20 道	40 分
	B. 新题型	5 道	10 分
	C. 翻译	5 句话	10 分
第三部分	A. 应用文写作	1 篇	10 分
	B. 短文写作	1 篇	20 分

考研英语二题型介绍			
部分	题型	题量	分值
第一部分	完形填空	20 道	10 分
第二部分	A. 阅读理解	20 道	40 分
	B. 新题型	5 道	10 分
	C. 翻译	一个或几个段落	15 分
第三部分	A. 应用文写作	1 篇	10 分
	B. 短文写作	1 篇	15 分

考研数学数一数二数三有什么区别？

　　考研数学总分 150 分，分数学一、数学二、数学三。一般工学门类中对数学要求较高的专业考数学一，比如力学、机械工程、光学工程、仪器科学与技术、信息与通信工程、控制科学与工程、计算机科学与技术、土木工程、水利工程、测绘科学与技术、交通运输工程、船舶与海洋工程、航空宇航科学与技术、兵器科学与技术、核科学与技术、生物医学工程等 20 个一级学科中所有的二级学科、专业；工学门类中对数学要求较低的专业考数学二，比如纺织科学与工程、轻工技术与工程、农业工程、林业工程、食品科学与工程 5 个一级学科中所有的二级学科、专业；一般经济、管理类专业考数学三，比如经济学门类的各一级学科、管理学门类中的工商管理、农林经济管理一级学科、授予管理学学位的管理科学与工程一级学科。

	高等数学	线性代数	概率论与数量统计
数学一	60%	20%	20%
数学二	80%	20%	-
数学三	60%	20%	20%

研究生考试复习分为几个阶段？
各阶段需要注意什么？

准备阶段、基础阶段、强化阶段、冲刺阶段、临考阶段。各个阶段的重点任务，考虫系统班会有专门的规划讲座来讲解。

怎么用好考试大纲？

1.注意新旧考纲的系统对比与梳理，主要关注新增考点，注意修订的知识点，删除的知识点记住就行，无须过多关注；2.注意细节变化，细节的变化意味着对考生有新的要求和标准，重视细节变化，调整复习方向；3.考纲与练习相辅相成，充分理解考纲，通过练习检测考纲复习状况，达到最优复习效果。

专业课无考纲怎么应对？

单位自命题的专业课大纲，如果没有怎么办呢？有四点建议：（1）真题，透过真题看考试逻辑；（2）每个专业都会有一些口碑相传的经典书籍；（3）利用网络资源；（4）目标院校导师的论文，研究成果等。